Heimat-Magazin 2015/2016

Das Teltower Land

Guido Zenkert, der Mahlower Journalist, Verleger und Weltenbummler, der nach der Wende mehr als 60 Länder bereiste, wandte sich in den 1990er Jahren zunehmend der märkischen Heimat rund um den alten Kreis Teltow zu und publizierte seit 2008 in seinem heimatkundlichen „Lesebuch“ alljährlich Berichte, Geschichten und Anekdoten: jedes mal eine erstaunliche, wunderbare Lektüre zum Schmökern. Als Krankheit und Tod seinem Sammlerfleiß ein jähes Ende bereiteten und somit die achte Ausgabe von ihm nicht vollendet werden konnte, übernahm dies im Jahre 2016 Manfred Pieske, ein langjähriger Weggefährte Zenkerts. Zustande gekommen ist derart in Zusammenarbeit mit den bisherigen Autoren des „Heimat-Magazins“ wieder eine Ausgabe mit bemerkenswerten und unterhaltsamen Texten.

Heimat-Magazin 20 15/16

Das Teltower Land

Buchkontor Teltow

Zum Gedenken an Guido Zenkert.

Guido Zenkert auf Expedition

Titelfoto: Teltowkanal mit Schleuse in Kleinmachnow.
Dirk Pagels, Teltow

Verlag: Buchkontor Teltow
Breite Str. 19
14513 Teltow
Telefon 03328 3381571
www.buchkontor-teltow.de

Herausgeber: Manfred Pieske, Stahnsdorf
Frank-Jürgen Seider, Teltow

Satz u. Layout: Richard Martin, m-ds GmbH, Teltow

ISBN: 978-3-9815865-4-1

Inhalt

3/7 Nettes von Gestern

4/7 (Auto) Mobiles

5/7 Örtliches/Lokales

6/7__Biographisches

1__Stadtränder/Jubiläen

1/7_Weltenbummler

Guido Zenkert:
Damals war's

Mitteilung an die Super Illu

Kaum war die Mauer gefallen, konnte ein lange gehegter Traum in die Tat umgesetzt werden. Einmal mit dem Auto von der Haustür aus quer durch Afrika und das mit der guten alten Pappe. Super Illu berichtete am 05.03.1992.

Aus einmal wurde mehrmals, und so wurden mit dem Trabant über 40.000 km auf Pisten und Straßen in 29 afrikanischen Ländern zurückgelegt.

Auf einer abenteuerlichen Eisenbahnfahrt von Berlin-Lichtenberg nach Kapstadt in 26 Tagen nahm auch ein ORB-Kamerateam teil. Aus den Videoaufnahmen der 15.000 km langen Fahrt entstand 1995 der zweiteilige Dokumentarfilm „Mit Rucksack und Bahn durch Afrika".

Ein großes Abenteuer ist und bleibt die Durchquerung der Sahara. Mit insgesamt fünf Leuten, darunter einer afrikaerfahrenen Frau, haben wir im Februar erneut diese Wüste durchquert. Zwei Fahrzeuge vom Typ Barkas brachten uns sicher an das Ziel, technische Probleme gab es nicht. Im Gegenteil, die alte DDR-Technik erwies sich als äußerst zuverlässig und auch im Wüstensand als sehr geländegängig. In 15 Tagen war nach 7.000 km Dakar im Senegal erreicht. Weiter ging es nach Gambia, wo die beiden Fahrzeuge für stolze 1.300 DM, das Stück versteht sich, noch einen Käufer fanden. Größte Herausforderung auf der Reise war die 400 km lange Querfeldeinfahrt durch die Wüste in Mauretanien, durch Sandfelder und über Geröll. Es galt steinige Ebenen, sandige Trockentäler, aber auch auf Wattflächen morastigen Untergrund zu durchqueren. Und da es in Mauretanien keine Straßenverbindungen von

Nord nach Süd in die Hauptstadt Nouakchott gibt, wird bei Ebbe der Strand zu der wohl seltsamsten Verkehrsverbindung auf der Welt. Zweimal am Tag zieht sich das Wasser des Atlantik zurück und gibt zwischen den Sanddünen und dem Meer wenige Meter dieser kuriosen Strandpiste frei. Gefahren wird auf dem von den Wellen durchfeuchteten und festen Strand. Doch Vorsicht, es gibt auch Gegenverkehr und selbst ein Verkehrsschild macht auf eine Linkskurve aufmerksam. In vier Stunden muß die 170 km lange Strandpiste bewältigt sein, dann kommt die Flut zurück und unterspült die Fahrzeuge, die es nicht geschafft haben oder mit einer Panne liegen blieben.

Wir hatten den Zeitraum nach dem Vollmond am 8. Februar gewählt. Die Anziehungskraft des Mondes lässt bei Ebbe das Wasser besonders stark zurück gehen. Durch Frankreich und Spanien ging es über Gibraltar mit der Fähre nach Marokko. Im Konvoi gelangten wir sicher durch das Minenfeld im Grenzgebiet zu Mauretanien, durchquerten das Land der Mauren und den Senegal und waren bereits nach 17 Tagen in Banjul in Gambia.

Ich verbleibe mit freundlichen Grüßen
Ihr Guido Zenkert

Manfred Pieske:
Bitte, keinen Nachruf

Wir winkten beide ab, fast gleichzeitig. Das mit dem Sterben wollten wir vorerst noch anderen überlassen. Wichtiger war es uns, Heimatgeschichtliches einzusammeln. Seit 2008 brachte Guido Zenkert alljährlich ein Heimat-Magazin mit historischen Betrachtungen, Geschichten und Anekdoten heraus. Das Ergebnis: „Jedesmal ein erstaunliches Lesebuch, eine wunderbare Lektüre zum Schmökern“, wie Gerold Paul in einer Rezension lobt.

Doch nun das. Am 30. Januar 2016, wenige Wochen vor seinem 65. Geburtstag, stirbt Guido Zenkert. In den letzten Jahren verlor er zusehends an Gestalt und an Kraft, wurde schmaler, trocknete geradezu aus. Unsere letzte Begegnung fand an einem Nachmittag im Dezember 2015 statt.

Als ich bei ihm anklopfte, kam keine Antwort, und da wagte ich es, die Tür aufzuschieben und den Korridor zu betreten. Vor mir das ausladende Wohnzimmer mit seinem höchst bemerkenswerten Sammelsurium, das, jedes für sich, eine kleine Geschichte zu erzählen weiß.

Wie genau ich dies vor Augen habe: er sitzt in seinem kleinen Korbsessel, hebt schwach die Arme und sieht in die Ferne. Das geschieht bekümmert und mit einem Anflug von uraltem Bescheidwissen; ihm kann man nichts vormachen. Übergangslos sagt er, nachdem ein paar Worte gewechselt sind: „Hol mir doch mal ein Bier. Aus dem Kasten hinter der Küchentür.“

Was von mir umgehend geschieht, und er trinkt bedächtig ein paar Schlückchen, während ich auf den Korbsessel herunter schaue, in dem er, in eine Decke gehüllt, schmal, ja geradezu spindeldürr, hockt. „Mir genügt über den Tag hin ein Bier“, sagt er „Und eine Zigarillo.“ Ein mühsames Lächeln.

Solche Gespräche tun weh. Und so frage ich: „Kommst du voran? Mit dem nächsten Heimat-Magazin?“

„Wer weiß", sagt er. „Das ist wie beim Angeln. Einmal hast du was am Haken und dann wieder nicht." Aber ihm war nicht Bange, er zählt die Namen von Leuten auf, die seit 2008 als Zuträger und Beiträger dabei sind und auch diesmal liefern wollen. Für die Ausgabe 2015.

Inzwischen gehören zum Autoren-Stamm immerhin verlässliche Leute, die aus dem Bestand heimatgeschichtlicher Archive Schätze gehoben und selbst originelle Texte beigesteuert haben. Die Ausgaben 2008 bis 2014 umfassen beachtliche 1008 Druckseiten mit 255 Beiträgen. Und davon stammen beachtliche 51 Texte aus Guido Zenkerts Feder selbst. Was für ein Fundus aus märkischen Revieren. Und sein knapper Kommentar: „Wer seine Geschichte nicht erzählen kann, existiert nicht." Ein Zitat von Salman Ahmed Rushdie, dem indisch-britischen Schriftsteller.

Das ist Zenkerts Messlatte gewesen. Seine Hinterlassenschaften kommen oft genug höchst anrührend im Stile von Kalendergeschichten vergangener Jahrhunderte daher. Bis ins Heutige hinein sind das Texte, die in ihrer herben Dichte anrühren. Alte Dokumente und Schriftstücke nahm er vorsichtig in die Hände, staunend und mit leuchtenten Augen, nickend, um wissen zu lassen: Ein Schatz! Eine Kostbarkeit! Historische Texte? Hatten für ihn Bestand, waren für ihn eine süchtig machende Kost.

Unvergessen der Einstieg in das Lesebuch-Projekt „Heimat-Magazin", das um 2005 reifte. Viele Gespräche in der Redaktion des „Teltower Stadt-Blatts". Eine mühevolle Kleinarbeit begann, die Suche nach alten Texten und anderen, heutigen Autoren, die nicht müde werden, in die märkische Vergangenheit hinein zu späen.

Ein beachtlicher Fundus war freilich vorhanden, die drei regionalen Monatszeitschriften „Stahnsdorfer Ortsanzeiger", „Teltower Stadt-Blatt" und die „Kleinmachnower Zeitung" hatten seit 1991 regelmäßig heimatgeschichtliche Beiträge veröffentlicht, Texte, die in enger Zusammenarbeit mit den Heimatvereinen der Region aufgespürt und geschrieben wurden. Entsprechend schaut die Komposition aus. Veröffentlicht wird, was Substanz hat. Dies geschah, wie zufällig, nacheinander und durcheinander im Stile einstiger Kalenderchronisten auch bei Zenkert. Er, der nach der Wende mehr als 60 Länder auf allen Kontinenten bereist hat, will weder schniegeln noch glätten. Nachdem er die Welt gesehen hat, wendet er, der Weltenbummler, sich mit Leib und Seele der eigenen märkischen Heimat zu – „allem, was im Leben wirklich zählt". Sein Mahlower Wohnhaus: eine Schatzkammer. Jeder Raum angefüllt mit Büchern mehrerer Jahrhunderte, mit Dokumenten, alten Texten und Foto-Sammlungen. Sein Haus scheint geradezu geflutet von alldem, ein beglückender Umstand.

Als ich nach seinem Tode das Haus betrete, um die Vorarbeiten für das Heimat-Magazin 2015 einzusammeln, finde ich lediglich einen schmalen Ordner mit: „Restmanuskripten". Das Gefühl bei mir: Guido ist noch anwesend, schaut mir zu, während ich in seinen Hinterlassenschaften nach Texten suche – für die 2015er Ausgabe. Denn der Wille, ein achtes Heimat-Magazin herauszubringen, war bei ihm bis zum Schluss da. Die Kraft aber nicht mehr. Verstreut finde ich Notizen, die dies belegen. Im weitläufigen Wohnraum ungeordnet vielerlei Sammlerfleiß, sich hochstapelnd an Bücherschränken und anderem antiquitätischen Mobiliar, auf Schreibtischen, auf Stühlen. Ringsum eine sich festlesende Suche, Texte, die etwas hermachen. Bisher unbekannte Texte seiner Südamerika-Reise, die ihn in Linien-Bussen von Mexiko bis Argentinien führen, fallen mir in die Hände, u. a. ein Chile-Text, so lesenswie bestaunenswert in seiner schlichten Tiefe. Grund genug, in diesem Sinne und Stile fortzufahren, wo Guido Zenkert sich von uns verabschiedet hat. Denn wie heißt es doch bei Hemingway? „Nur sehr wenige Menschen sind wirklich lebendig, und die, die es sind, sterben nie. Es zählt nicht, daß sie nicht mehr da sind. Niemand, den man liebt, ist jemals tot."

GUIDO ZENKERT:
Märkisches im Süden Chiles

Der Generalpostmeister Wander aus der Pfalz verlor nach dem westfälischen Frieden im Oktober 1648 seinen Namen und sämtliche Güter, „weil er die reformierte Religion nicht gegen die päpstliche ändern wollte.“ Der Namens- und Besitzlose ging in das Brandenburgische, wo ihm der Große Kurfürst den Namen Anwandter gab, und in Staatsdienste stellte. Er wurde in Frankfurt an der Oder ein ordentlicher Postmeister und auch seine Nachkommen zählten stets zu den treuen Staatsdienern in der Streusandbüchse des Heiligen Römischen Reiches, ob als Postmeister, Steuereinnehmer oder gar Bürgermeister. Mit einer Ausnahme: Karl August Anwandter aus Luckenwalde entschloß sich fast fünfzigjährig, mit der Ehefrau und den sechs Kindern nach Valdivia im Süden Chiles auszuwandern. Mit im Gefolge der Brandenburger waren Bayern, Hessen und Sachsen, aber auch Hanseaten aus Hamburg und Bremen, suchten hier auf der südlichen Halbkugel eine neue Heimat.

Anwesen der Familie Anwandter. Ein Märkisches Museum im Süden Chiles. Foto: G. Zenkert

Am Ufer des Rio Calle wachsen heute Kiefern, Buchen, Eichen und Fichten. Ein 1828 in Berlin geborener August Böttcher hatte viele Samen bei seiner Auswanderung 1853 hierher mitgebracht und ausgesät. Inzwischen sind die Sämlinge zu prächtigen Bäumen herangewachsen. Eine fast 150-jährige märkische Kiefer hat einen mächtigen Stammumfang, so daß drei Menschen ihn gerade umfasssen können.

Die 1858 gegründete deutsche Schule trägt den Namen Carlos Anwandter. In der Nähe des Schulgeländes fand die Familie Anwandter ihre letzte Ruhestätte.

Auf dem Friedhof finden sich Namen wie Ernst, Baron von Treskow, Ribbeck, Werkmeister, Wagenknecht, Felgenhauer oder Eichelkraut. Die Gräber sind gepflegt, doch die Nachkommen können die Inschriften kaum noch übersetzen. In der lutherischen Kirche wird zwar der Gottesdienst auch in deutsch abgehalten, doch Chile ist ein katholisches Land.

Biedermeier aus Luckenwalde. In Valdivia. Foto: G. Zenkert

Alles was man einst hier brauchte, wurde aus der alten Heimat mitgebracht. Der Mähbalken von Lanz, der Landauer der Berliner Firma J. Wagenknecht oder die viersitzige Kutsche des Herstellers Wutermohle aus Hildesheim. Die Biedermeier-Einrichtung, das Klavier, der komplette Hausrat wurden mit nach Südamerika verschifft und nur die colorierten Stiche alter Stadtansichten konnten noch an die Heimat erinnern. Auswanderung war in den deutschen Landen aber schon damals mit Bürokratie verbunden. Ein so genannter Heimatschein vom Februar 1851 des Oberbürgermeisters von Kassel gewährte dem in Charlottenburg geborenen Rudolf Amadeus Philippi zwar weiterhin ein Heimatrecht für eine Zeitdauer von fünf Jahren, machte aber auch deutlich, „daß, falls er heiratet, die ihm angetraute Ausländerin und die mit ihr gezeugten Kindern ein Heimatrecht in hiesigen Ländern nicht anzusprechen haben.“ Philippi hatte sich zuvor im Grauen Kloster in Berlin auf sein Studium an der Berliner Universität vorbereitet und bat wegen der beabsichtigten Auswanderung um Exmatrikulation. Nach Deutschland kehrte er nie zurück.

Manfred Pieske:
Reise-Anekdote

Guido Zenkert war ein sparsamer Mensch. Wenn er sich auf den Weg in andere Länder machte, plante er haarklein die Reiserouten und das dafür erforderliche Budget. Derart fand er eines Tages heraus, dass es durchaus möglich ist, ganze Kontinente ohne nennenswerte Kosten zu bereisen – dies nämlich per Linien-Bus, mit dem auch die Einwohner des jeweiligen Landes unterwegs sind. Auf die Weise fuhr er unter anderem quer durch Südamerika, und von dieser Fahrt gab es viel Wissenswertes und Abenteuerliches zu berichten.

Eine von ihm gern erzählte Geschichte trug sich in einer nicht sehr vertrauenerweckenden Gegend zu, die weit und breit mehr Urwald als Zivilisation zu bieten hatte. Dort geschah etwas, das auf solch einer Fahrt nicht geschehen sollte: ein Achsbruch. Der Busfahrer stieg aus und besichtigte das Malheur. Kein Wort von ihm, eine hoffnungslose Situation. Auch im Bus Ratlosigkeit und Stille. Dann ein Wink ins Weiträumige hinein. Was heißen sollte: Alle aussteigen, vorerst Endstation.

Alle stiegen aus, auch Zenkert, und er besichtigte nun ebenfalls den ACHSBRUCH. Rings um ihn her aber kein Jammern und Wehklagen. Während ein paar Indios mit dem Fahrer über die Schwere des Schadens fachsimpelten, holten die Frauen einiges Gepäck – Taschen, Säcke und andere Behältnisse, ja sogar Kochkessel aus dem Bus – und es wurden Lebensmittel ausgepackt. Die Frauen machten sich an die Arbeit, hatten Gemüse und anderes zur Hand, kochten drauflos. In der Luft die Gerüche von Chili und anderen scharfen Gewürzen. Bald wurden Schüsseln und Löffel verteilt. Essensstille.

Als alle gesättigt waren, gab es Alkoholisches. Plötzlich waren Musikinstrumente zur Hand. Es wurde mitgesungen, getanzt. Über die bis zum Abend ausgebliebene Kfz-Hilfe fiel kein Wort. Als die Dunkelheit hereinbrach, krochen alle in den Bus zurück, hörten den geheinmnisvollen Geräuschen des Urwalds zu und schliefen ohne jedes Murren auf ihren Sitzplätzen. Am Morgen Kaffee und irgendwelches Gebäck. Weiterhin kein Unmut.

Irgendwann während des Tages traf die Kfz-Hilfe endlich ein. Großer Jubel. Alles, was aus dem Bus herausgeräumt worden war, wurde wieder hineingeräumt, und dann ging es weiter. Guido Zenkers Kommentar: „Eine Lehrstunde für uns Mitteleuropäer."

Hahndorf, Hotel „German Arms“ („Dt. Wappen“). Foto: G. Zenkert

GUIDO ZENKERT:

Der Rote Adler in der Sonne Australiens

Wer im sonnenverbrannten Australien Heimweh verspürt oder nur ein kühles deutsches Bier bei preußischer Blasmusik trinken möchte, kommt in Hahndorf auf seine Kosten.

1839 gründeten Brandenburger und Schlesier 30 Kilometer südöstlich von Adelaide im Bundesstaat Südaustralien hier die erste und noch existierende deutsche Siedlung. Sie legten die Ortschaft als Hufendorf an, gebaut wurde im traditionellen Fachwerk. Es waren religiös verfolgte Altlutheraner, welche sich der preußischen Landeskirche nicht anschließen wollten. Mit dem Regierungsantritt Friedrich Wilhelm IV. versiegte der Zustrom der Altlutheraner aus Brandenburg. Doch es setzte bald darauf eine zweite Auswanderungswelle von Sorben ein, die den Preis der Verteilung des Grundbesitzes im Rahmen der Separation nicht bezahlten konnten. Bis 1900 wanderten 18.000 Deutsche nach Südaustralien aus, davon allein zwischen 1838 und 1841 500 Altlutheraner aus Brandenburg und Schlesien. Zu den Gründern von Hahndorf zählte auch der 1790 geborene Gottfried Lubasch. Er trat 1812 freiwillig in das Korps von General York von Wartenburg ein und kämpfte 1815 bei Waterloo gegen Napoleon. Auf einem kleinen Bauernhof in Rießen, unweit der Oder, fristete er nach den Befreiungskriegen ein bescheidenes Leben. Gottfried Lubasch kam 1838 nach Südaustralien und gründete in Hahndorf eine Herberge, das spätere Hotel zum „Deutschen Wappen“. Lubasch war zugleich auch der erste Postmeister von Hahndorf.

In der kleinen brandenburgischen Gemeinde down under entwickelte sich bald ein reges kulturelles Leben. So wurde 1862 die Schützengesellschaft gegründet. Es folgten ein Deutscher Turnverein, ein Kegelclub und der Bismarck-Skatclub. Jährlich, am zweiten Wochenende im Januar, wird in Hahndorf das traditionelle Schützenfest abgehalten. Es ist als Adelaide‘s German Festival in ganz Australien bekannt und nach dem Oktoberfest im brasilianischen Blumenau, das zweitgrößte deutsche Volksfest in Übersee.

Längst sind die aus Brandenburg Stammenden waschechte Aussis geworden. Gastronomisch betrachtet ist der kleine Ort für australische Fast Food Verhältnisse ein ausgesprochener Exot. Gerichte wie „Strammer Max“ oder „Bratwurst mit Sauerkraut“ locken die australischen Feinschmecker nach Hahndorf.

Werbung für den „Old Hahndorf Villiage Market“. Foto: G. Zenkert

Doch was wäre Hahndorf ohne seine Kuriositäten? Hier ist die Nachbildung des größten Bierbemmbels der Welt zu bestaunen. Ganze 32 Liter Gerstensaft passen in den 1,20 m großen und 16 kg schweren Bierkrug. Doch nicht genug der Superlative. Im Hahndorf Antique Clock Museum, dem ältesten Uhrenmuseum des Kontinents, hängt die größte Kuckucksuhr der Welt. Natürlich gefertigt in old Germany. Übrigens will man in diesem Museum mehr Uhren besitzen als das Britische Museum in London. Und in Karl's Caféhaus begegnet man sogar dem Konterfei unseres Heinrich Zille, dem Ur-Berliner aus dem sächsischen Radeburg. Wer kann da noch nachtragend sein, daß die Aussis den Roten Adler zum Deutschen Wappen gemacht haben.

2/7__Märkischer Sand

Gertrud Knuth:
Wie lieb ich dich

„Wie lieb‘ ich dich,
du blütenumbuschtes Dorf,
in deiner einfachen ländlichen Schönheit,
gebettet in dieses märkische Land,
wo die Blicke so weit über die Felder gehen,
bis an die karge Heide
oder den Kiefernwald am Horizont!
Wie reich bist du an Gärten,
mit rosigen Apfelblüten und Fliederduft,
und wie schön deine Wege
in maienfrischem Grün!“

Gertrud Knuth
Ruhlsdorfer Heimatforscherin

WILHELM REICHNER:
Findlinge

Kinder des Nordens im Schoß des Teltows

Wer je auf einsamer Wanderung urplötzlich vor einem der mächtigen Steine stand, die auf der Heide, im dichten Walde oder in freiem Felde wie trotzige, schlafende Ungeheuer aus Urwelttagen liegen, der wird sich eines gelinden Schauers kaum haben erwehren können. Ueberhaupt, wenn es in nahen Hecken, im Moose oder Heidekraut flüchtig raschelte, als ob Wichte in aller Eile etwas verbergen wollten vor den neugierigen Menschenaugen. Und wenn gar eine Ringelnatter ihr sonniges Lieblingsplätzchen am Stein verließ, hurtig im hohen Grase verschwand, so daß die goldgelbe Zeichnung am Kopfe wie eine Krone aufleuchtete, dann tauchte wohl auch die Sage auf, wurde das Märchen wach von den gekrönten Schlangen, die da und dort im Grunde oder auf der Höhe verborgene Schätze bewachen müssen. Wohl dem Herzen, das Kindesglauben hinübernimmt in das gereifte Alter, sich nicht den Jugendschatz durch knöcherne Hände der Wirklichkeit rauben läßt, das Freude hat am Unscheinbaren.

Der eine grau, der andere rötlich, oder ins Bläuliche spielend, hier rundlich, da spitzig, wieder andere wuchtig, breit ausladend, so stellen sich uns die Riesen unter unseren heimischen Steinen entgegen. Hier auf luftiger Höhe, wo die Stürme freies Spiel mit Wetterbäumen treiben können, dort am rauschenden Bach, dessen Kreiselwellen sich erst lustig drehen, um dann mit leisem Kichern und behaglichem Glucksen über den breiten Rücken des Ungestüms zu gleiten. Manche der Riesen haben sich im Laufe der Zeit schmücken lassen mit allerlei Zierart aus Algen, Moosen und Flechten. Aber das ist ein gewagtes Spiel, was da die Barbolde mit sich treiben lassen; überhaupt solche, die ein „weiches Herz“ besitzen. Die kleinen, unscheinbaren Pflänzchen sind heimtückisch; sie bohren ihre winzigen Wurzelfäserchen, die kaum mit dem bloßen

Auge zu erkennen sind, in den Körper des Geduldigen ein und helfen ihm eine Verwitterungsrinde zu bringen, die nach und nach abblättert und als Schutzwall ringsherum liegen bleibt. Doch der größte Teil gibt sich mit solchen Kleinigkeiten nicht ab; glatt sind ihre Rücken, so daß sich die Sonne in den kleinen Kristallen spiegeln kann.

Ausnahmsweise reich an schönen, erratischen Blöcken und Findlingen ist unser westlicher Nachbarkreis – Zauch-Belzig –, wo am Nordabhange des Flämings besonders gute Stücke noch heute in ihrer natürlichen Umgebung zu finden sind. Und doch ist es nur ein Bruchteil des ehemaligen Reichtums, der sich in unsere Zeit hinübergerettet hat. Viele von ihnen sind zerstört. Gesprengt, zerschlagen dienten sie als willkommener Stoff zur Befestigung der Wege, zum Fundamentieren der Häuser, zum Bau von Wirtschaftsgebäuden oder zu ähnlichen Zwecken. Wenn wir die Wehrbauten der alten Städte betrachten, die aufwuchtenden Feldsteinkirchen, die Zyklopenmauern der Kirchhöfe, so können wir schon daraus folgern, daß die Zahl der Findlinge eine ganz beträchtliche gewesen sein muß, die unsere märkischen Fluren bargen. Handelte es sich hierbei zum Teil nur um kleinere Steine, die Verwendung fanden, so werden sicher auch viele größere Blöcke zerlegt worden sein, um daraus brauchbares Material zu gewinnen. Wenn man dies für mittelalterliche Verhältnisse nicht gelten lassen will, so kommt eine spätere Zeit in Betracht, die gewaltsam mit den Riesensteinen aufgeräumt hat. Vor rund hundert Jahren betrug die Gesamtlänge der märkischen Chausseen gegen dreißig Meilen, deren Steinschüttung zum größten Teile – wenn irgend angängig – den nächstgelegenen Feldmarken entnommen wurden. Die Anlegung der Chausseen war das Ende vieler unserer großen Findlinge; selbst vor Hünengräbern machte die Ausbeutung nicht Halt. Manches Mal, das vor mehr als viertausend Jahren Kraftnaturen einem lieben Toten errichteten, endete unter den Fäusteln der Steinschläger in der Mitte des vergangenen Jahrhunderts, als das Chausssee-netz immer engere Maschen zog.

Mit den kleineren, kopfgroßen Steinen ist in der Umgebung Berlins schon früher planmäßig aufgeräumt worden. So ist eine Verordnung vom Jahre 1763 bekannt, wonach jeder nach Berlin fahrende Bauer auf seinem Wagen zwei solcher Feldsteine mitbringen und sie am Tore abwerfen mußte, wodurch des Reiches Hauptstadt eine beträchtliche Menge des gesuchten Pflastermaterials kostenlos erhalten hat. Diese „Katzenköppe“, die dem Landmann in steinreichen Gegenden bei der Bestellung seiner Felder immer wieder in die Quere kamen, liegen oftmals wie verbannt und vergessen in großen Roddeln am Ackerrande, bis sie eines Tages doch Verwendung finden.

Unsere Betrachtung gilt aber besonders den großen Brüdern, die hier und dort noch erhalten sind, oder die bei Bodenarbeiten in tieferen Lagen aufgefunden werden.

Im Zeitalter der Romantiker, jener Dichter des vorigen Jahrhunderts, die bestrebt waren, vaterländisches Fühlen und Denken uns neu zu erschließen, und einen Gegenstoß gegen Griechisches und Römisches in der Literatur unternahmen, das sich bei uns eingenistet hatte, erhielten auch die Mären und Sagen unserer Heimat mehr Beachtung. Zahlreiche Sammlungen haben uns mit dem Wesen und dem Glauben unserer Vorfahren vertraut gemacht.

Wenn wir die Sagen unserer Mark Brandenburg betrachten, so zeigt es sich, daß eine beträchtliche Anzahl davon mit den großen oder sonderbar geformten Steinen in Verbindung steht. Meist brachte sie der Volksmund mit dem Teufel in Verbindung, der die Kolosse als Fangeball nahm, sie zum Einwerfen der ihm verhaßten Kirchen benutzte, doch immer zu weit oder zu kurz warf; andere dienten dem Gottseibeiuns als Sessel oder als Spieltisch. Etwas Wunderbares haben fast alle diese alten Steine im Volksglauben an sich. Die Geschichten leben noch heute fort, trotzdem die Steine selbst längst von Menschenhänden zerstört wurden. Als man bei Zehden an der Oder einen solchen Granitblock sprengte, fuhr, der Sage nach, bei seinem Zerbersten eine schwarze Frau heraus; sie war dahinein verwünscht gewesen.

Sehr reich an Findlingen ist die Uckermark. Dort heißen sie meist Hünensteine und werden mit einem Riesengeschlecht in Verbindung gebracht, das vor unserer Zeit dort gehaust haben soll. Doch auch in anderen Landschaften der Mark geht die Rede von Hünen oder Riesen, die sich mit den „ollen Klamotten geschmissen“ haben. Wie kräftig diese Kerle zupacken konnten, beweisen zahlreiche „Fingereindrücke“ noch heutigen Tages. Bei Herzsprung und Schmargendorf unweit Angermünde haben sogar die Riesen mit solchen Blöcken Kegel gespielt; die Steine waren ihre Kugeln – jeder so groß wie ein Backofen. Um das Jahr 1750 lag am Wandlitz-See – wie der Bekmann berichtet – eine gewaltiger Stein, der noch etliche Fuß in der Erde steckte, oben aber den Eindruck von einer starken Manneshand zeigte. Wie man in dem nahe gelegenen Dorfe Wandlitz, nordwestlich von Bernau, erzählte, hat der Stein früher diesseits des Sees gelegen. Da ist einmal ein Riese des Weges gekommen und hat sich an demselben gestoßen. Vor Schmerz und Aerger rief er: „Hebb ik mii stooten an miine große Teh (Zehe), wil ik dii ook smeeten ööwer de Wandlitzsche See!“

Er faßte den großen schweren Stein und warf ihn über den See. Wo der Riese aber zugegriffen, haben sich seine Finger eingedrückt, und diese fünf Löcher blieben dann die vielen Jahrhunderte hindurch erhalten. An der Nordgrenze der Prignitz, in der Gegend von Putlitz, hauste – jedenfalls um dieselbe sagenhafte Vorzeit – ein anderer Riese, der eine so gewaltige Lunge hatte, daß er große Sandberge wegblasen konnte. Als er eines Tages ins Land hineinschaute, ward er gewahr, daß man in Perleberg eine stattliche Kirche baute. Voller Wut über das neue Werk, wühlte er aus dem Grunde einen mächtigen Felsblock hervor und schleuderte ihn nach dem Gotteshause. Der Stein flog aber nur bis Reetz, wo er noch lange gelegen hat.

Entnommen aus dem Teltower Kreiskalender 1928

Günter Duwe:

Über den Siedlungsbeginn in der Region Teltow vor 800 Jahren

Bekanntes und Unbekanntes

Der Inhalt der Studie lässt sich in einem Satz beschreiben: „Warum, woher und auf welchem Weg kamen die Bauern wann an ihren Siedlungsplatz?“ Wo sie es dann nach intensiver Urbarmachung schon bald zu Wohlstand brachten. Solche und ähnliche Fragen werden von historisch Interessierten häufig aus Anlass der Feiern zur schriftlichen Ersterwähnung gestellt. Deshalb beginne ich gewissermaßen zur Einstimmung auf das Thema mit den 750-Jahr-Feiern und beschränke mich dabei aber auf die zwei Orte Teltow und Stahnsdorf, die mit ihren Feiern über 30 Jahre vor den anderen Orten der **Region Teltow** liegen. Diese ist dadurch definiert, dass alle um Teltow liegenden Orte mit ihren Gemarkungen an die Gemarkung Teltow grenzen und im gleichen Zeitraum gegründet wurden: Giesensdorf, Heinersdorf, Ruhlsdorf, Stahnsdorf (Deutsch-) und Schönow. Siehe dazu Teltow-Urkunde von 1299.

In Teltow ist es die Urkunde der Stadtrechtsverleihung durch den Markgraf Otto III. im Jahre 1265. Diese Urkunde haben die Enkel der Erstsiedler = Ortsgründer in Empfang genommen. Das mag vielen Heutigen so nicht bewusst gewesen sein. Mich hat das angeregt, mich mit der Zeit vor 1265 zu befassen.

Für Stahnsdorf hat man die erste schriftliche Erwähnung in einer Urkunde aus dem Jahre 1264 gefunden. Zur Bestätigung der Urkunde hatte hier ein Magister Petrus de Stanesdorp unterschrieben. Angeregt durch die Aussage der offiziellen Festschrift habe ich mich gedanklich mit dem Petrus aus Stahnsdorf beschäftigt, weil er ja den Magister-Titel trug. Denn die Bezeichnung Magister wurde schon im Altertum von den Römern als Titel für hohe Beamte genutzt. Den folgenden, aus einem alten Lexikon entnommenen Satz zitiere ich wörtlich, weil er den Tenor meiner Ausführungen bestimmt. „Seit der 2. Hälfte des Mittelalters bezeichnet Magister die Würde eines zum akademischen Unterricht befähigten Gelehrten.“ Bevor er lehrte, musste er eine lange Ausbildung absolvieren. Anfang des 13. Jahrhundert gab es aber nur ganz wenige Universitäten in Europa. Sie befanden sich alle im Ausland. Das war in Italien Salerno und Bologna, in England Oxford und Cambridge; die bekannteste Universität aber war die in Paris, später Sorbonne genannt. Jeder Weg zur Bildung beginnt mit dem Besuch einer Schule, wo der Schüler zuerst Lesen und Schreiben lernt. Auf den damaligen Lateinschulen gehörte Latein als Sprache der Literatur und der Kirche dazu. Lateinschulen, meist mit Internaten, gab es an den Klöstern.

Wenn von den Lehrern eine besondere Begabung erkannt wurde, hat es auch Förderung, u. a. durch die Kirche, für den Lebensunterhalt gegeben, auch für die armen Studenten. Von der Pariser Universität ist bekannt, dass es 3 Abstufungen gab, die mit den Prüfungen verbunden waren. Der erste akademische Grad war der Baccalaureus, der heutige Bachelor, der zweite Grad der Licentiato, der höchste war der Magister. Für den Magister musste die Prüfung in 7 Fächern erfolgen. Dadurch dauerte das Studium auch sehr lange. Im Laufe der Zeit hatten sich 3 Fachgebiete herausgebildet: Philosophie – Theologie eingeschlossen, Medizin und Juristerei. Wenn es stimmt, dass die jungen Magister ihre Vorlesungen vor den neuen Studenten der Universitäten halten mussten, gab es unter den Magistern auch Abstufungen. Da Magister Petrus an der Beratung zwischen dem Domkapitel und dem Markgrafen über den Kauf eines Dorfes hinzugezogen wurde, folgere ich, dass er in der Stadt Brandenburg am Sitz des Bischofs bzw. des Markgrafen lebte. Denn nur diese konnten sich einen solchen Gelehrten als Berater leisten. Durch Addieren der Lebensabschnitte habe ich das Lebensalter zum Zeitpunkt der Unterschrift 1264 ermittelt. Kindheit 10-12 Jahre, Lateinschule etwa 5 Jahre, Studium an der Universität 6-7 Jahre, 3-4 Jahre tätig als Magister, 2-3 Jahre als Gelehrter/Berater am Sitz des Markgrafen bzw. Bischof. Er war also etwa

30 Jahre alt. Daraus folgt, er ist um 1234 geboren. Die Ergänzung zum Vornamen „aus Stahnsdorf“ deutet auf die Geburt in Stahnsdorf hin. Doch nicht die Geburt allein bindet einen Menschen wie Petrus im Mittelalter an seinen Heimatort, sondern die Taufe. Die war damals für die gläubigen Christen eine mit dem Alltagsleben eng verbundene Sakramentshandlung. So kommt es besonders auch auf die Paten an, denn sie bekunden ja öffentlich ihre Bereitschaft zur Hilfe und Unterstützung ihrer Patenkinder. Sie waren oft notwendig, weil die Frauen (Mütter des Patenkindes) oft sehr jung im Kindbett starben. Dass die Eltern in Stahndorf lebten, ist selbstverständlich. Wenn der Vater von Petrus bei der Geburt selbst etwa 30 Jahre alt war, musste er an der Ortgründung beteiligt gewesen sein. Ein Bauer hat seinen Sohn mit Sicherheit nicht auf die Lateinschule geschickt. Doch einer im Dorf konnte Lesen und Schreiben und besaß eine gewisse Bildung – der Lokator. Das waren meist Männer des niederen Adels, die als Ministeriale am Hofe des Markgrafen tätig waren. Als späterer Schultheiß besaß er 4 abgabenfreie Hufen, das sind 250 Morgen. Das sicherte ihm eine hohe Einnahme. Er genoss Ansehen vor Ort, war er doch ein Vertreter des Markgrafen, der für Ordnung zu sorgen hatte und der die Abgaben der Bauern (Steuern) pünktlich dem Hof zuführen musste. Wenn er das persönlich tat, hatte er auch direkten Kontakt zum Hof, was dann wieder vorteilhaft für die Ausbildung des Sohnes wäre.

Bauern werden angesiedelt – warum und woher kamen sie?

Es war der Askanierfürst Albrecht der Bär (1100-1170), der, nachdem er die Stammburg der Heveller in Brandenburg zurückerobert hatte (1157), begann, das eroberte Slawenland mit deutschen Bauern zu besiedeln. Dem lag die Überlegung zu Grunde, dass dies der beste Weg ist, um seinen Besitz dauerhaft zu sichern. Es gab außerdem die anderen an der sogenannten Ostexpansion des Reiches beteiligten Fürstenhäuser, die aus dem Süden (Meißen) kommenden Wettiner und das Erzbistum Magdeburg. Es ging nicht darum, landlosen Bauern zu helfen, sondern einzig um Machtzuwachs.

Oft wird nach der Herkunft der Bauernfamilien gefragt. Das lässt sich für keine Siedlung konkret beantworten. Doch für die frühere Zeit gibt es erfreulicherweise Schriftgut über den von Albrecht den Bären bevorzugten Raum der Anwerber – die Slawenchronik. Der Priester Helmold von Bosau, ein Zeitgenosse von Albrecht hat sie geschrieben. Im Kapitel 89 „Von Albrecht dem Bären" liest man: „ Schließlich schickte er … nach Utrecht und den Rheingegenden, ferner zu denen, die am Ozean wohnen, den Holländern, Seeländern und Flamen, zog von dort viel Volk herbei."

Allgemein bekannt ist, dass der Fläming seinen Namen von den zugewanderten Flamen erhalten hat. Der Erzbischof Wichmann, der Albrecht den Bären bei der Zurückeroberung der Burg Brandenburg unterstützt hatte, ließ sie anwerben, nachdem er das Land Jüterbog mit Feuer und Schwert erobert hatte. Später kamen seine Vasallen in das Gebiet, deren Besitz die Askanier anstrebten. Das brachte Konflikte. Ein Beispiel ist Drewitz, das wurde um 1200 an der Nuthe überschritten.

Helmold schreibt weiter: „Von der Burg Salzwedel an besetzten Holländer das ganze Sumpf- und Ackerland, nämlich das Land Belze". Belze war der Name für den Gau im Umfeld von Stendal. Diese Aussage bedeutet, dass das Land westlich der Elbe schon zur Zeit von Albrecht des Bären bis nach Havelberg und Tangermünde voll erschlossen war. Das schließt gute Wegeführung und Nutzung der Elbübergänge ein. In Sonderheit gilt das für den Eroberungszug der Askanier gen Osten – Havelland, Barnim und Teltow. Man darf davon ausgehen, dass es um 1200 einen regelmäßigen Seitenwechsel über die Elbe gab. Auch die Siedlertrecks, die aus dem Nordwesten des Reiches oder Holland kamen und in den Teltow wollten, überquerten die Elbe auf Fähren. Dass der Weg von Stendal nach Spandau kürzer war als der über Magdeburg, ist nicht der Hauptgrund, weshalb er um 1200 von Askaniern nicht genutzt wurde. Es gab Feindschaft zwischen den Askaniern und dem Erzbistum wegen des Eindringens in askanische Anspruchsgebiete. So blieben die Elbübergänge bei Burg nach Magdeburg, die ja im Besitz des Erzbistums waren, den Askaniern verschlossen. Der Übergang über die Havel bei Spandau war schon in der Slawenzeit gut bekannt und wurde deshalb von den Siedlertrecks angestrebt. Hier wechselte eine Handelsstraße, die von Süden (Nürnberg) und Westen (Köln) kommt, die Havelseiten und führte dann den Teltowrand am Spreetal entlang nach Köpenick und überschritt dort die Spree. Ziel waren die Handelsplätze im Osten, vornehmlich die Häfen an der Ostsee.

Die Askanier hatten schon sehr früh die Stadt Spandau mit der Burg erobert. Diese lag gegenüber der Spreemündung, so dass sie den gesamten Verkehr auf dem Wasserweg (Havel, Spree) überwachen konnten.

Der zu besiedelnde Westteltow

Es spricht viel dafür, dass die Askanier in der Person des Markgrafen Albrecht II., der 1205 die Regierung übernahm, die Besitzergreifung des Teltow begonnen hatten. Doch da waren die Wettiner schon bis Köpenick vorgedrungen und hatten die Stammburg der Slawen (Sprewanen) bereits erobert. Die Händler, die auf dem Fernhandelsweg unterwegs waren, suchten nach einem neuen Spreeübergang und fanden ihn – so entstand auf der Seite des Teltow Coelln. Um das weitere Vordringen der Wettiner zu erschweren, überließ Albrecht II. den Templern im Grenzbereich Land für den Aufbau einer Komturei. Zeitlich datiert man das um 1200 oder etwas später. Etwa zu dieser Zeit sind also die ersten Siedlertrecks aus dem Nordwesten kommend unterwegs. Ich gehe davon aus, dass die Lokatoren (Ortsgründer) sich über den Siedlungsplatz informiert hatten und wussten, was den Bauern bevorstand. Ich erfuhr es, als ich den 1987 veröffentlichten Fachartikel von E. Bohm las. „Insgesamt war der Teltow in slawischer Zeit von Wald bedeckt und trennte die Heveller von den Sprewanen wie eine siedlungsleere Zone. Der Wald war also so dicht, dass er trennte. Da es auf dem Westteltow nur einige kleine slawische Wohnplätze gab, war fast das gesamte große Gebiet von Menschenhand seit der Germanenzeit (1.000 Jahre) unberührt. Hier gab es also einen Urwald im wörtlichen Sinne (Primärwald). Den konnte man natürlich nur vom Rande her erschließen. Von der Nordseite her waren die Bedingungen durch das Vorhandensein der Handelsstraßen fast optimal. Die Burg in der Hand der Askanier beschützte das Vorhaben.

Es gab aber noch zwei weitere an das Plateau des Teltow grenzende Orte mit Burgen aus der Slawenzeit. Das ist der im Süden an der Nuthe gelegene Ort Saarmund und Potsdam an der Havel. In beiden Fällen war der Fluss und das ihn begleitende Sumpfland der Burg schützend vorgelagert. Das war also gegen einen Feind, der aus dem Osten kam, gerichtet. Aus Sicht der Heveller war das Polen, und die mit den Polen verbündeten Sprewanen. Wie bei Potsdam (Slawisch Stahnsdorf und Stolp) waren auch bei Saarmund auf der Seite des Teltows nahe dem Sumpfgürtel slawische Dörfer entstanden. Auffällig ist, dass Flächen dieser Dörfer viel kleiner sind als die von deutschen Siedlertrecks gegründeten. Für einen Übergang zum Teltow mit Trecks hätte es Brücken und Dämme geben müssen. Sie sind aber nicht nachgewiesen. Deren Fehlen ist allerdings nicht der Hauptgrund, dass die Besiedlung nicht von dort erfolgen konnte. Das ist der dichte Wald auf dem Teltow, der undurchdringliche Urwald.

Hier möchte ich bezüglich Potsdam noch eine Ergänzung machen, um zu zeigen, dass man die Vorstellung, die aus der Literatur späterer Zeit (15. Jahrhundert) stammten, nicht einfach ins 13. Jahrhundert übertragen darf. Zu der Zeit, als die Besiedlung des Teltow durch die Askanier schon einige Zeit lief, war nämlich Potsdam noch so unbedeutend wie in slawischer Zeit. Das betrifft insbesondere die Teilnahme am Handel und die ihn nutzenden Straßen. Fernhandels- oder Heerstraßen, die ja von den Trecks vorzugsweise genutzt wurden, kamen nicht einmal in die Nähe von Potsdam.

Die Besiedlung – Ort und Zeit

Von dem ersten Treck, der über Spandau kam, wissen wir nicht, woher die Bauern stammten, die hier nach erfolgter Urbarmachung des Waldes ihr Land bekommen sollten. Doch wir kennen den Lokator: das war ein Mann aus dem alten Adelsgeschlecht Wilmersdorf, die schon zu Albrecht dem Bären einen engen Kontakt hatten. Das bezeugt eine Unterschrift von Bernhardus de Wilmarstorp unter einer Urkunde von 1155, ausgestellt in Aschersleben. Ein Mann dieses Ranges hatte mit Sicherheit nicht nur die Aufgabe, ein Dorf zu gründen, sondern muss in die planmäßige Besiedlung eingebunden gewesen sein. Das Urwaldgebiet musste ja im Inneren erkundet werden auf topografische Besonderheiten (z. B. Seen) und auf slawische Besiedlung. Bekannt ist, dass später ein Angehöriger des Wilmersdorfer Adelsgeschlechts Vogt auf dem Teltow mit Sitz in Teltow war. Das zweite, unmittelbar östlich angrenzende Dorf ist Schöneberg. Dieser Name ist relativ häufig anzutreffen. Dennoch bin ich überzeugt, dass er aus dem Siedlungsgebiet an der Straße von Salzwedel nach Havelberg mit den Siedlern hierher gewandert ist. Das schließe ich daraus, dass es eine Wanderung auch des hiesigen Nachbarortes Lichterfelde aus dem dortigen Gebiet gab. In der Literatur wird der als eingewanderter Name aus Lichtervelde in Flamen genannt. Noch sicherer bin ich mir über das Herkunftsgebiet vieler Siedler unserer Region geworden, als ich auch Ostorf (Osdorf) dort vorfand, also ein Trio. Eine solche Konzentration auf engem Raum kann wohl kein Zufall sein.

Von der Urbarmachung zum Wohlstand

Das Land für die Gründung der Dörfer der Region Teltow lag zu dieser Zeit noch tief im Urwald. Dorthin betrug die Entfernung vom Mittelpunkt der Dörfer im Norden nur etwa 7,5 km. Die Urbarmachung mit den einfachen Arbeitsmitteln brauchte ihre Zeit.

Ich möchte hier einen Vorgriff machen, der die Entfernung nutzt, um den Siedlungsbeginn der Region Teltow in Näherung zu bestimmen. Das setzt die Grundübereinstimmung voraus, dass man nicht auf der gesamten Breite, sondern in Streifen von etwa einem halben Kilometer Breite in das Urwaldgebiet eindrang. Das hatte den Vorteil, dass die Ochsen und Ziegen relativ nahe im Wald zu beiden Seiten des Ackerlandes weiden konnten. Wenn man eine Jahresurbarmachung von 25 Hektar für ein Dorf mit 25 Bauern annimmt (500 x 500 m Fläche), so gelangt man nach 15 Jahren bzw. 7,5 km an die Gemarkungsgrenze von Teltow. Beginnt man die Urbarmachung um 1205, wäre das das Jahr 1220.

Gleichwohl wann und woher der Siedlertreck auf den Teltow kam, die Planwagen wurden von Ochsen (einzeln oder als Gespann) gezogen. Es mussten Ochsen sein, weil es vor Ort keine Grasweiden für Pferde gab, sondern nur dichten Wald. Die Ochsen konnten sich als Wiederkäuer von allem „Grün“ (am Boden und von den Sträuchern wie Hirsche) ernähren. Allerdings war ihr Bedarf an Rauhfutter groß. Für 30 Tiere musste eine Waldfläche von über 100 Hektar zur Verfügung stehen. Das schloss Brandrodung aus, denn man hätte sonst den unbedingt benötigten Zugtieren ihre Lebensgrundlage beraubt. Ohne diese Zugtiere wäre die schwere Arbeit der Rodung nicht zu bewältigen gewesen. Ein Ochse kann bis zu 5 PS Zugkraft beim Ziehen (Stubben/Baumstämme) entwickeln. Mit Unterstützung der Zugtiere konnte nach meiner Grobkalkulation ein Bauer (Waldarbeiter) innerhalb eines Jahres (300 Arbeitstage) mindestens einen Hektar Wald in Ackerland umwandeln, das er dann mit Getreide bebauen konnte. Für den Anbau von Roggen auf einem Hektar benötigte man 200 kg Saatgut. Das hat sich dann bei der Ernte vervielfacht, heute 1:30, damals 1:3. Unter Berücksichtigung dieser Größen und des jährlichen Zuwachses an urbar gemachter Fläche – sie wird ständig kleiner, je größer der Ackerbau wird, kommt man zu dem Ergebnis, dass es ungefähr 5 Jahre gedauert hat, bis sich die Familie vom eigenen Land ernähren konnte. Das setzt die Ermittlung des Bedarfs voraus. Es gibt leider nur wenige Quellen aus dem Mittelalter. 250 kg Roggen pro Person werden als Jahresbedarf genannt. Ich habe die

Recherche ergänzt durch die Ermittlung der Zuteilung von Lebensmittelkarten in der Zeit nach dem Krieg. Diese Angaben korrelieren gut miteinander. Für körperliche Arbeit 600 g Brot und 80 g Nährmittel. So hat also eine Familie (Vater schwer arbeitend, Mutter oft stillend, 2 kleinere Kinder) einen Tagesbedarf von mindestens 2 kg. Für 2 Zugochsen als Kraftfutter 1 kg – ist man bei 3 kg Tagesbedarf. Und für das Dorf mit 25 Bewohnern bei 27 Tonnen. Diese Menge Getreide musste also zugekauft werden. Ein großer Vorteil der Bewohner der Region Teltow, die erst später kamen als die nördlich gelegenen Dörfer, die also schon länger urbar gemacht wurden, war, dass sie das Getreide aus der Nähe beschaffen konnten. Mit der Beschaffung befassten sich Händler, die in Berlin ansässig waren.

Die Händler kauften und verkauften Unterschiedliches. Die Bewohner der Region Teltow kauften in den Jahren nach ihrer Ankunft Getreide, aber sie hatten auch ein Produkt zum Verkaufen. Das waren Holzstämme, die klassisch gerodet worden sind. Und das ist der 2. Grund, warum die Brandrodung nicht durchgeführt wurde, denn nur durch den Holzverkauf konnten die Siedler überleben. Später, als sie genügend Getreide selbst produzierten, machten sie Gewinn durch den Holzverkauf. Das steigerte sich noch, wenn Qualitätsholz – Eiche – für den Schiffsbau angeboten wurde. Die Händler exportierten ja bereits zu dieser Zeit Holz nach Hamburg. So kamen die Bewohner der Region schon bald zu Wohlstand. Der wurde noch größer, als auch Getreide (Roggen) im Überschuss produziert wurde. Ich setze dafür eine Zeit von 10 Jahren nach Siedlungsbeginn an. Auch Roggen war ein Exportartikel in die Küstenregion. Voraussetzung für den kontinuierlichen Anbau in gesicherten Mengen war der gute Roggenboden der Region Teltow, der in Stahnsdorf allerdings nur bis zum Dorfplatz reichte. Bodengeologische Karten zeigen das im Detail.

Eine abschließende Bemerkung sei mir noch gestattet. Roggenboden ist Boden für den Rübenanbau. Lange vor der Kartoffelzeit waren Rüben ein wertvolles Nahrungsmittel für Mensch und Tier. Durch Speiserübenaussaat in die Roggenstoppel (Stoppelrübe) erhält man nicht nur lagerfähiges Wintergemüse, sondern auch zusätzlich Gewinn beim Verkauf. Dass die Speiserüben Teltows durch den Boden einen besonderen Geschmack bekommen, ist schon vor 400 Jahren berichtet worden.

Jürgen Böhm:
Petrus de stanesdorp

Wie aus der Urkunde der Ersterwähnung (1264) von Stahnsdorf hervorgeht, wird als Beurkundender ein „magister petrus dictus de stanesdorp clerici“ aufgeführt. Ein christlicher, magister, Peter genannt, aus stanesdorp.

Novizenmeister oder Magister sind in christlichen Orden jene Ordensmitglieder, die für eine spezielle Ausbildung zuständig sind. Novize: Eine Person, die in einem Kloster eine Vorbereitungszeit verbringt, bevor sie die Gelübde ablegt.

Die Zisterzienser wollten das monastische (klösterliche) Leben durch eine strengere Anwendung der Regel des Heiligen Benedikts von Nursia reformieren, der ein Leben in Armut und in der Einsamkeit gepredigt hatte. Gegen Ende des 11. Jahrhunderts – damals beherrschte der in Cluny in Burgund gegründete Benediktinerorden das religiöse Leben in Europa – beschlossen einige Mönche, wieder in die Wüste zurückzukehren. Ihnen war der schwarze Orden zu abgesichert, zu etabliert und zu reich. Die Dissidenten ließen sich in den Niederungen Burgunds nieder, in diesem feuchten, morastigen Wald mit nur wenigen Lichtungen und stillen, in dichtem Schilf versteckten Teichen; dieses Schilf hieß „cistel“, der Ort Citeaux. Als Zeichen des Bruchs kleideten sich die Zisterzienser in Weiß, denn das war die natürliche Farbe der Wolle, und man musste sie jetzt nicht mehr färben und appretieren, wie „die schwarzen Tuche“ der Benediktinerkukullen. Die Mönchsgemeinschaft beschloss, eine asketische Lebensweise zu führen, die die ursprüngliche Strenge und die Regel „ora et labora“ des Benediktinerordens, von dem sie sich 1098 getrennt hatten wieder herstellen wollten. Sie lebten von der eigenen Arbeit, und jeder war zur Arbeit verpflichtet. Die schwersten Arbeiten wie Urbarmachung, Pflügen, Mähen erledigten alle Brüder.

Vor Baubeginn der 1118 vom Heiligen Bernhard von Clairvaux gegründeten Abtei von Fontenay, einer der ältesten Zisterzienserabteien, die aus Citeaux, dem Mutterkloster des Zisterzienserklosters, das am 21. März 1098 gegründet wurde, hervorgegangen ist, mussten die ersten Mönche das sumpfige Gelände trockenlegen. „Fontanetum", der lateinische Name für Fontenay, bedeutet „die auf den Quellen schwimmt".

Bei seinem Tode 1153 hinterlässt Bernhard von Clairvaux ein unermessliches Werk und wird 1174 heiliggesprochen. Der Bruderorden zählt 350 Abteien. Im Jahr 1250 existierten bereits 650. Der Orden ist in ganz Europa verbreitet.

Mit ihren großräumigen wasserwirtschaftlichen und wasserbaulichen Maßnahmen trugen die Zisterzienser, als Fachleute für Urbarmachung, erheblich zur Entwicklung und Aufsiedlung der Mark bei. (Deutsche wasserhistorische Gesellschaft e. V. Mitteilung Nr.15, Sept. 2010, S. 38f.) Im heutigen Brandenburg gibt es noch 16 Zisterzienserklosteranlagen.

Kloster Zinna wurde in den Sümpfen der Nuthe erbaut (1170).

Das 1180 von Zisterziensern gegründete Kloster Lehnin hatte nicht unmaßgeblichen Einfluss auf die Besiedlung, die Christianisierung des von Slawen bewohnten Gebietes östlich der Nuthe, dem Teltow. Auch hier wurde das Kloster in unwirtlichem Gelände, unwegsamen Sümpfen, an einem See gebaut.

„Das Dorf Jüt(er)gotz mit allen Zubehörungen hat unser Kloster Markgraf Otto vermacht im Tausch gegen Güter, die wir im Lande Zehden gehabt haben. Im Jahre 1263."

(Urkundenverzeichnis des Klosters Lehnin, 15. Jh. StA Potsdam: Rep. 10 B, Kloster Lehnin Nr. 1, Bl. 4 Rückseite lfd. Nr. XXII)

Gütergotz (Güterfelde) wurde (1263) ein Filial des Klosters. Markgraf Otto III. übergab das Dorf Jütergotz an das 1180 entstandene Zisterzienserkloster Lehnin im Tausch gegen andere Güter des Klosters in der späteren Neumark (Lebus).

Zehlendorf ist von den Mönchen des Zisterzienserordens (1242) von den Landesherren Johann I. und Otto III. für 300 Mark Silber erworben worden, um so zu einem gesicherten Weg zu ihren Besitzungen auf dem Barnim beizutragen.

Die Ansiedlung Stahnsdorfs erfolgte auf einer Sandlinse, dreiseitig von Wasser umgeben, der Bäke im Nordosten und einem verlandenden See, der heutigen Upstallwiese in nordwestlicher Lage. Auch hier zeigte sich die Notwendigkeit, wassertechnisch einzugreifen. Die Anlage des Dorfteiches in der Mitte des von den Bauernstellen umstandenen Platzes war ein Mittel der Grundwasserregulierung. Beratend und ausführend standen Mönche des Zisterzienserordens zur Seite. Befand sich doch die Ansiedlung auf dem Weg der Mönche, auch eines magister petrus, zu ihren geschaffenen oder erworbenen Ansiedlungen.

Die Ausführung des Baues der Kirche weist eindeutig auf die Zisterzienser-Baukunst hin. Auf die Reinheit der Formen durch Beschränkung auf das Wesentliche der Baustruktur, technische Sorgfalt, zurückhaltende Materialien. Das Quadermauerwerk wurde besonders sorgfältig bearbeitet. Die Fugen zwischen den Blöcken schmal gehalten.

Ein Merkmal von Zisterziensern erbauter Kirchen sind die fehlenden Kirchtürme, die der Demut ermangeln. Der in Holz ausgeführte Dachturm ist erst seit 1779 Bestandteil der Kirche.

Nicht aufdringlicher Schmuck. Bei Restaurierungsarbeiten im Jahr 1981 kamen als Wandschmuck stilisierte Lilien zum Vorschein, eingekratzt in den Putz.

Das Zeichen der Zisterzienser war die weiße Lilie, die Blume der Heiligen Maria, der Mutter Jesu. Sie waren schon im Wappen der Zisterzienser-Gründungsabtei Citeaux zu sehen.

Bis ca. 1230 entstanden romanische Kirchen auf der Teltow-Hochfläche, so mit der in Stahnsdorf auch die in Marienfelde, Ziethen, Waltersdorf.

Die ökonomischen Strukturen des Ordens begannen sich im 12. Jahrhundert zu ändern. Die Abteien beziehen Einkünfte aus den von ihnen geleiteten Pfarreien, erhalten Steuern, und ab 1180 kaufen sie Land. Die Abteien stellen immer mehr Profane ein, um den Laienbrüdern zu helfen. Die Ländereien gleichen immer mehr durch die abnehmende Eigenbewirtschaftung einem Gutsbetrieb.

Die Mönche verkaufen ihre Produkte auf den Märkten.

Das landwirtschaftliche, heilmedizinische, bautechnische Wissen der Zisterzienser trat gegenüber den neuen Praktiken, in den Hintergrund.

Mit der Gründung des Bistums Brandenburg im Zusammenhang der „Slawenmission“ ist in der Folge auf der von der Havel umgebenden Dominsel der Brandenburger Dom, mit Grundsteinlegung am 11. Oktober 1165, gebaut worden. Die Insellage, die unmittelbare Wassernähe, aber auch das Errichten über zugeschütteten Burggräben führten zu statischen Problemen. Hier waren Fachleute gefragt! Ein solcher zeigte sich in der Person des magister petrus, der aus stanesdorp gerufen wurde, oder zufällig am Ort war. Diese anerkannte, mit großem wasserwirtschaftlichem, wasserbautechnischem Wissen ausgestattete christliche Persönlichkeit, petrus de stanesdorp, ist somit nicht überraschend, nach vorheriger Bewertung, u. a. der Bausubstanz des Dorfes stargezer, zur Beurkundung dessen Kaufes herangezogen worden. Dieser Vorgang, trug somit dazu bei, dass das Unterzeichnungsdatum, 17. November 1264, zur Ersterwähnung von stanesdorp, Stahnsdorf, führte.

Stahnsdorf im Januar 2015

peter E R N S T:
Die Parforce Heide – eine Landschaft im Wandel

Rückblick eines 1933 geborenen Gütergotzers

Ein heutiger Betrachter wird sich beim bloßen Anblick oder Wandern in der Landschaft kaum vorstellen können, welch gravierende Veränderungen dieses Gebiet zwischen Bundeshauptstadt Berlin und Landeshauptstadt Potsdam allein in den vergangenen 82 Jahren erfahren hat.

Plan der Gegend um Potsdam von C.G. v. Tschirschky 1780. Quelle: Archiv P. Ernst

■ **1729:** Eingliederung der Gütergotzschen- und der Drewitzschen Heyde durch Friedrich Wilhelm I. in ein großes eingezäuntes Jagdgebiet „Parforceheide“ von rund einhundert Quadratkilometern. Dieses wurde nördlich durch das Flüßchen Beke oder Bäke, den Dörfern Stansdorff, westlich durch Gütergotz, südlich Nudow, Philipsthal und östlich durch Drewitz, Nowaweß begrenzt. Das ausreichend ebene Waldgebiet hatte allerdings einen sehr hohen Wasserstand, der erst durch ein rastermäßiges Grabensystem abgesenkt werden musste, damit die Pferde nicht im Morast einsanken. Hetzjagd im

Wald zu Pferde hinter einer das Wild hetzenden Hundemeute bedeutete für Mensch und Tier ohnehin eine große Unfallgefahr. Daher die Bezeichnung „Parforcejagd“ (französisch: mit Gewalt).

Auf der ersten in Nord-Süd Richtung angelegten Hauptschneise wurde der Ausgangspunkt aller weiteren Schneisen definiert. Im rechten Winkel entstand dort eine zweite Schneisenachse. In das entstandene Wege-Kreuz legte man ein Zweites und erhielt einen einfachen Jagdstern („étoile“) mit 8 Strahlen. Eine nochmalige Verdoppelung ergab dann den königlichen Doppelstern („étoile double“) mit 16 Schneisen. Zwei Schneisen begrenzten das jeweilige Jagdrevier. Dort wurden während der Jagd Holzgestelle aufgestellt, um das Jagdwild am Überqueren zu hindern. Deshalb hießen diese Waldschneisen „Gestelle“. Da ein Abschluss der Jagd unter freiem Himmel sehr witterungsabhängig war, entschloss sich der König ausnahmsweise zum Bau eines eigenen Gebäudes, dem „Jagdschloss Stern“.

■ **1838:** Der Bau der ersten Eisenbahnstrecke Berlin – Potsdam durchschneidet das ehemalige Jagdgebiet im Norden.

■ **1909:** Einweihung des „Südwest-Kirchhofs der Stadt Berlin“. Wegen Platzmangels in der Stadt wurde von der evangelischen Stadtsynode im Stahnsdorfer Kiefernwald ein 150 Hektar großer Waldfriedhof geschaffen. Kurz darauf folgte angrenzend auf der anderen Seite der „Alten Potsdamer Landstraße“ die Anlage des „Wilmersdorfer Waldfriedhofes“, sowie angrenzend an der Potsdamer Chaussee der „Friedenauer Waldfriedhof“.

■ **1913:** Inbetriebnahme des Bahnhofs Stahnsdorf gegenüber dem Eingang des Südwest-Kirchhofs als Bahnverbindung über Dreilinden und Wannsee nach Berlin.

■ **1915:** Ein Dauerwaldkaufvertrag als „Erholungswald aus Gründen der öffentlichen Gesundheitspflege, um so der wachsenden Bevölkerung der Reichshauptstadt ... die Gelegenheit der Erholung und Erfrischung im freien und im Walde zu sichern“.

Ursprünglich war der Preis für 11.200 Hektar 179 Millionen Goldmark. Nach Entscheidung Kaiser Wilhelm II. wurden 10.000

Hektar Wald um Berlin, u. a. in der Parforceheide erworben und für 50 Millionen Goldmark zum unantastbaren Dauerwald erklärt.

1933: Vereinnahmung von Schloss und Park Gütergotz durch die NSDAP und die SA-Standarte Feldherrnhalle.

1935: Errichtung des Trainingsschießplatzes für die Deutsche Mannschaft der Pistolenschützen für die Olympiade 1936 in Berlin.

1937: Umbenennung des Ortes Gütergotz in die Neuschöpfung „Güterfelde“ (misslungene „Eindeutschung“).

1938: Bau des „AVUS-Zubringers“ zwischen dem Autobahnring um Berlin und der AVUS unter Rücksichtnahme auf historisch und landschaftlich sensible Bereiche. Nutzung des Schießplatzes und von Teilen des Waldgebietes als Übungsgelände für das in den neuen Stahnsdorfer Kasernen stationierte Militär. (Erstaunlich: in Güterfelde wurde der Bau von Kasernen und Hangars nicht gestattet, weil es im „Grünen Ring um Berlin“ gelegen sei).

1937: Das Gebiet um das Jagdschloss Stern sowie die „Große- und die Kleine Rohrlake“ wurden zu „Landschaftsschutzgebieten“ erklärt.

1940: Baubeginn für einen Ringschluss der S-Bahn zwischen Bahnhof Stahnsdorf und der Station Lichterfelde Süd. Dazu gehörte am Ort der heutigen Heinrich Zille Gesamtschule eine Abzweigung nach Rehbrücke mit einem Bahnhof in Kienwerder. Es wurde abschnittweise ein Bahnschacht, für eine Überquerung der Großen Rohrlake eine Dammschüttung, sowie für eine Brücke über den AVUS-Zubringer die Fundamente fertig gestellt. Der Krieg verhinderte eine Fertigstellung und heute ist das Projekt aufgegeben.

1945: Schloss Güterfelde wurde vorübergehend Sitz einer Sowjetischen Kommandatur und danach zum Abriss freigegeben und völlig geplündert. Die einzigartigen Parkbäume des vom Schlossherrn Bleichröder angelegten Arboretums wurden gefällt und verheizt. An der Autobahn nach Berlin wurden Ein- und Ausfahrtkontrollstellen gebaut. Alle Kasernen wurden wieder in militärische Nutzung genommen. Die gemäß Alliierten-Beschluss begonnene Demontage und Zerstörung des Schießplatzes wurde gestoppt und dieser von der Besatzungsmacht ohne Schutzeinrichtungen wieder in Betrieb genommen. Später wurde der Wald abgesperrt, der Schießplatz erweitert und dort sämtliche Formen „Bewaffneter Organe“ der sowjetischen Besatzungszone und späteren DDR an Waffen und allen Arten Militärfahrzeugen ausgebildet.

Dieses Gelände kam nach dem Ende der DDR in die Hände der Bundeswehr, welche es gar nicht benötigte, jedoch nicht aufgeben wollte und deshalb jährlich eine kleine Übung mit „Feldjägern“ inszenierte. Der große ruinöse Schießplatz war ein gefährliches Schandmal in der Landschaft. Es war eine anspruchsvolle diplomatische Aufgabe der charmanten Pfarrersfrau und eines engagierten Gütergotzers den zuständigen Oberbefehlshaber der Bundeswehr zu einer Aufgabe des Standortes und einem Rückbau der Anlagen zu überzeugen.

■ **1961:** Mit der Absperrung der innerdeutschen Gemarkungslinie und ihrem Ausbau zu einer Staatsgrenze gab es die größten Verluste an Wald und Natur. Ein breiter Streifen devastierter Natur wurde mit Sperranlagen überbaut. Für die personelle Betreuung entstanden vielerorts umfangreiche Kasernenkomplexe in abgesperrtem Waldgebiet, selbst das vorgelagerte Waldgebiet war für die Einwohner nicht mehr zugänglich. Der Umfang dieser Flächen wurde in seiner Dimension erst durch die Verfügbarkeit von Luftbildaufnahmen erkenntlich. Nach der Wiedervereinigung hat die Natur Flächen, die nicht zu Bauland geworden waren, zurückerobert.

■ **1970:** Das „VEG (Volkseigene Gut) Fleisch und Frischeierproduktion Falkensee – Außenstelle Güterfelde“ baute in der Parforceheide am Priesterweg eine zweigeteilte Barackenanlage zur Junghennenaufzucht. Es wurden angelieferte Küken bis zur Legereife aufgezogen. Aus Seuchenschutzgründen wurde ein Standort außerhalb des Dorfes in der Parforceheide gewählt. Nach der Wiedervereinigung standen die 12 großen Hallen leer. Ein Bestandsschutz war damit nicht mehr gegeben. Obwohl bereits eine Veränderungssperre verhängt war, lockte eine geschäftstüchtige Gemeindevertretung ohne Genehmigung Firmen und Betriebe an.

Als die Zustände mit Restaurant, Großverkauf und parkender Autos im Wald unhaltbar wurde, musste das Gesetz einschreiten und diese Nutzungen unterbinden. Ein Abriss der Wellblechhallen wurde jedoch durch den Bau von Solaranlagen auf den Dächern verhindert. So gibt es noch heute zwei Gewerbehöfe im Landschaftsschutzgebiet.

1970 entstand zur Entlastung der Großbeerenstraße eine neue Einfallstraße nach Potsdam entlang der Nuthe, die so genannte „Nuthestraße“ – später „L 40“. War beim Bau des Avus-Zubringers noch auf sensible Bereiche Rücksicht genommen worden, und hatte man für durchschnittene Sternschneisen und historische Verbindungswege noch Brücken mit langen Abfahrten gebaut, so wurden erstere diesmal brachial zerschnitten. Der Geschädigte war die Bevölkerung, der man als Zugang vom Stern in die Parforceheide eine Fußgängerbrücke zwar versprach, doch diese nie baute.

1970 sollten in Potsdam neue Wohngebiete gebaut werden. Da geeignete Flächen im Norden (Bornstedter Feld u.a) durch Besatzungsmacht und „Bewaffnete Organe“ der DDR beansprucht waren, wurden die besten Ackerflächen bei Drewitz zu Bauland erklärt. Dass Teile davon im rechtsgültigen „Landschaftsschutzgebiet um das Jagdschloss Stern“ lagen, wurde dabei nicht beachtet und kein Verfahren eingeleitet. Die Historischen „Sternschneisen“ wurden nicht respektiert, sondern sogar demonstrativ durch quer gestellte Wohnblöcke oder Straßenverlegungen blockiert. Alle alten Chausseen mit Sommerweg und ihren Alleen und Chausseegräben wurden erst in voller Breite asphaltiert, dann verschwanden zum 4-spurigen Ausbau oft auch die Alleen und Gräben. Neuanpflanzungen wurden nicht vorgenommen.

1974: Die zunehmende Inanspruchnahme von Wald für militärische Zwecke und die ausufernde Stadt Potsdam veranlassten mich zur Formulierung eines „Antrags auf Zusammenfassung der seit 1937 bestehenden drei rechtskräftigen Landschaftsschutzgebiete Jagdschloß Stern, Große Rohrlake und Kleine Rohrlake zu einem größeren LSG Parforceheide „für die Rekonstruktion der Arbeitskraft der Werktätigen aus den Industriegebieten". Schließlich gab es nach jahrelangen Bemühungen zwar Zustimmungen der fachlich zuständigen Dienststellen doch es kam nichts in Gang. Erst nach Eingaben an den Rat des Bezirkes, Staatsrat, ZK der SED gab es eine Beschlussvorlage für den Kreistag Potsdam-Land. Im letzten Moment fiel jedoch jemandem auf, dass ein Zipfel (um das Jagdschloss Stern) zum Gebiet der Bezirkshauptstadt Potsdam gehörte. Dies erforderte einen gemeinsamen Beschluss des Kreistages und der Stadtverordneten Versammlung. Damit war der Beschluss erst einmal von der Tagesordnung abgesetzt. Ein Neuanlauf kam in der DDR nicht mehr zu Stande, weil durch ein LSG eine Behinderung einer möglichen Erweiterung der militärischen Flächen hätte entstehen können.

Sofort nach dem Ende der DDR konnte der Antragsteller nach Überarbeitung der Begründung für eine Unterschutzstellung seinen Antrag bei der zuständigen Behörde einreichen. Es wurde eine einstweilige Sicherung des Gebietes angeordnet. Nach einer Kartierung und wissenschaftlichen Bestandserfassung wurde am 12. November 1997 die „Verordnung zu einem „Landschaftsschutzgebiet Parforceheide" erlassen.

■ **Bis 1985** gab es für Berlin das ökologisch weltweit vorbildliche Abwasserbehandlungssystem von Hobrecht. Das im Gebiet geförderte Wasser wurde nach Gebrauch auf stadtnahen speziellen Rieselfeldern verrieselt und kam so in der Region wieder in einen Kreislauf. Mit dem Bau des modernsten Klärwerkes durch Berlin in Stahnsdorf hatte sich die Möglichkeit eines Umbaus der kleinen Rieseltafeln zu großen Einheiten, auf denen fortan mit Großregnern „Klarwasser" verregnet werden sollte, ergeben. Dieses Prinzip wurde jedoch nicht realisiert, sondern sämtliches gereinigte „Klarwasser" aller Klärwerke fließt seitdem durch Rohrleitungen in den Teltowkanal und weiter über Havel, Elbe in die Nordsee. Da es sich um mehrere Hunderttausend Kubikmeter Wasserverlust täglich handelt, sind die Folgen für die Landschaft nach einem Vierteljahrhundert gravierend. Das ehemals durch viele Feuchtgebiete mit einer reichhaltigen Flora und Fauna ausgezeichnete Gebiet trocknete aus und Flora und Fauna verarmte.

2001: Bei der Verlegung der Abfahrt Babelsberg und dem sechsstreifigen Ausbau des Avus-Zubringers entstand ein halbes „Kleeblatt“ mit einem Überflieger“. Dadurch verschwand auch der letzte Durchschlupf für Fußgänger neben der Autobahn. Daraufhin wurde sofort die Forderung nach dem von der DDR nicht erfüllten Versprechen einer Rad-/Fußgängerbrücke gestellt. Vom Beschluss für deren Bau bis zur Realisierung vergingen noch einige Jahre, weil der Güterfelder Bürgermeister diese Brücke durchaus nicht haben wollte und einfach für den Verkauf von einem Wiesengrundstück im Landschaftsschutzgebiet Baulandpreise forderte. Um einen längeren Rechtsstreit mit dem Dorfbürgermeister zu vermeiden entschloss sich die Behörde auf eine Nutzungsmöglichkeit für Kinderwagen und Rollstuhlfahrer zu verzichten und den Abgang als gewundene steile Treppe zu bauen.

Anzeige des einstigen Bundesministerium f. Verkehr, Bau und Wohnungswesen. Quelle: Archiv P. Ernst

2005 konnte endlich die Fußgängerbrücke über die Nuthestraße eröffnet werden. Sie wurde wegen der Realisierung nach langer Blockade schon als “Blaues Wunder“ bezeichnet. Sie liegt an der Stelle der Unterbrechung des Rohrlakengestells und bekam deshalb den Namen „Rohrlakensteg“.

2012 begann der Bau einer neuen Landesstraße „L 40“ nach Autobahn-Standard durch das Landschaftsschutzgebiet Parforceheide". Anlass war die Forderung nach Schaffung einer kurzen Umgehung des Ortskernes, der in den ersten Jahren nach der DDR, als in Güterfelde Mauerteile geschreddert wurden und im Ort ein vorübergehender großer Kiesabbau stattfand, deren starker Lkw-Verkehr durch das Dorf, zu Belastungen führte. Die Forderung war, diesen zu entlasten. Im Laufe der Jahre mit Verhandlungen wurde daraus eine autobahngleiche neue Verkehrstrasse Potsdam-Schönefeld neben der alten Landesstraße. Sie schafft die Möglichkeit der Umgehung der vorhandenen mautpflichtigen Autobahnverbindung A 115–AVUS Zubringer und der A 10–Berliner Ring sogar mit kleiner Zeiteinsparung. Der Bau der Landesstraße L 40 ergab insgesamt einen zusätzlichen 20-fachen Landverbrauch und eine völlige Veränderung des Landschaftsbildes. Für die Landschaft bedeuten die dargestellten Entwicklungen einen tief greifenden Wandel, den zu überschauen man sich dargestellter Entwicklungen bewusst werden muss.

Gütergotz/Güterfelde, 17. Juni 2015

„Selbstversuch" auf der alten L40: Peter Ernst beweist, dass eine neue parallel geführte 4-spurige L40-neu nach Autobahn-Standard zur Entlastung des Ortskerns von Güterfelde unverzichtbar ist. Quelle: Archiv P. Ernst

Wilhelm Reichner:

Die Nuthe

von der Quelle bis zur Mündung

Eine Stunde südwestlich von Jüterbog, zwischen den Dörfern Niedergörsdorf und Dennewitz, die im Herbstfeldzuge des Jahres 1813 eine bedeutsame Rolle spielten und deren Bewohner Zeuge waren, wie aus dem Ruhmeskranze des großen Korsen Napoleon wieder ein Blättchen verloren ging und auf unserm Heimatboden liegen blieb, um hier kräftige Wurzeln zu schlagen, finden wir das Quellgebiet der Nuthe. In leichten Bodenwellen liegt das Land vor uns, von dem der Volksmund sagt: „Reich an Korn, arm an Born." Viel Wahrheit liegt in diesem alten Reim, denn nur wenige Bäche entrinnen dem Schoße des Flämings; eines der Wässerlein ist unsere Nuthe.

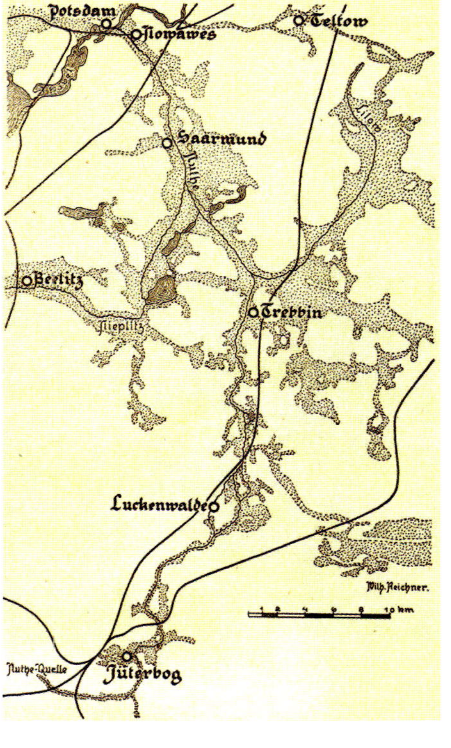

Die Quelle selbst liegt in einem unscheinbaren Wiesengraben bei Niedergörsdorf und bietet landschaftlich wenig Packendes. Der Dennewitzer Dorfteich sammelt die spärlichen Wasser, um sie von neuem auf die Reise zu schicken. Beim Dorfe Rohrbeck überspannt eine ungefähr zehn Meter hohe Brücke der Jüterbog–Falkenberger Eisenbahnlinie die Nuthe; die sich hier als dünne Ader einen Weg bahnt (Kalendarium: Januar).

Auf älteren Karten wird das Fließ Ahe-Bach oder die

Aar genannt und als Quellfluß der Nuthe das Hammer-Fließ bei den Schwesterdörfern Schönefeld – Dümde (die Goila) angesehen. Erst in jüngster Zeit, als die Landesvermessung bedeutsame Fortschritte machte, kam man zu dem Ergebnis, daß der Ahe-Bach die eigentliche Nuthe sei.

An Rohrbeck vorbei geht ihr Lauf. Überall treffen wir in den Dörfern auf beredte Zeugen der Septemberschlacht im Jahre 1813, in der 41.000 Preußen mit 124 Geschützen 65.000 Mann französischer Truppen mit 168 Geschützen gegenüber standen und – siegten. Was der 23. August für Großbeeren bedeutete, das war der 6. Sept. für Niedergörsdorf, Dennewitz und Rohrbeck.

Im Quellgebiet der Nuthe bei Rohrbeck: Beim Dorfe Rohrbeck überspannt eine ungefähr zehn Meter hohe Brücke der Jüterbog-Falkenberger Eisenbahnlinie die Nuthe, die sich hier als dünne Ader einen Weg bahnt.

Jüterbog und das benachbarte Neumarkt werden sichtbar. In Neumarkt, wo der Schmied von Jüterbog, der der Sage nach Tod und Teufel durch seinen Witz überlistete, wo der Tanzberg zwischen Schmiede und Kirche noch heute an slawische Religionssitten erinnert, soll auch ein Tempel des Sonnengottes Intribog gestanden haben. An seiner Stelle finden wir heute die aus dem Ende des 11. Jahrhunderts stammende Jakobikirche, die vielleicht über hundert Jahre älter ist als die Niederlassungen der Templer auf dem Teltow in Tempelhof, Marienfelde und andere.

Zwischen dem Dorfe Neumarkt und der Stadt Jüterbog strebt die Nuthe nach Norden. Hoch ragen die Zwillingstürme der Nikolaikirche und die Wachttürme der alten Stadt auf. Seine Bedeutung erlangt Jügerbog durch zahlreiche Zuflüsse der Nuthe, die sich hier mit der großen Schwester vereinigen, und durch Inseln im Niederungslände, die den Üebergang einer von Wittenberg nach Frankfurt (Oder) führenden Handelsstraße an dieser Stelle erleichtern (Kalendarium: Februar). Jüterbog selbst, das unendlich viel Schönes und Großes birgt, dessen Tore und Rathaus noch von alter Bürgermacht und von Bürgerstolz erzählen, dessen Kirchen zu den wichtigsten Kulturelementen des Fläming-Landes gerechnet werden, führt seine Geschichte bis um das Jahr 1007 zurück. Die Stadt gilt als eine Gründung des magdeburgischen Erzbischofs Wichmann, einem Zeitgenossen Albrechts des Bären.

Bei Jüterbog verläßt die Nuthe den Fläming und mäandert in zahlreichen Schlingen und Bögen durch ausgedehntes Wiesengelände, dessen Untergrund zum größten Teil aus Torf besteht. Aus diesem Niederungsland ragt eine wenige Meter hohe aber ausgedehnte Insel empor, die Friedrich den Großen veranlaßte, im Jahre 1764 Weberfamilien aus der Oberlausitz hier anzusiedeln. So entstand der Flecken Zinna, der noch immer im großen und ganzen den Typ seiner Entstehungszeit trägt. Älter als diese Neugründung ist aber das nahe liegende Kloster Zinna. Seine Entstehung fällt in die Zeit um 1170, als Erzbischof Wichmann von Magdeburg Zisterzienser Mönche hier ansetzte. 1179 wurde das Kloster von den durch Heinrich den Löwen aufgewiegelten Slawen zerstört, später wieder aufgebaut und durch einen Mauerring befestigt.

Jüterbog: Hoch ragen die Zwillingstürme der Nikolaikirche und die Wachttürme der alten Stadt auf. Seine Bedeutung erlangt Jüterbog durch zahlreiche Zuflüsse der Nuthe, die sich hier mit der großen Schwester vereinigen.

Klosterkirche Zinna: Die Zinnaer Klosterkirche, ein romanischer Granitquaderbau von seltener Schönheit für unsere Mark Brandenburg, dessen technische Durchbildung jeden Kenner begeistert, stammt aus dem Anfang des 13. Jahrhunderts.

Die Zinnaer Klosterkirche, ein romanischer Granitquaderbau von seltener Schönheit für unsere Mark Brandenburg, dessen technische Durchbildung jeden Kenner begeistert, stammt aus dem Anfang des 13. Jahrhunderts (Kalendarium: März).

Wertvolle kunstgeschichtliche Reste birgt das Innere dieser dreischiffigen Pfeilerbasilika. Unendlich viel bieten auch die zum Teil noch erhaltenen Wohngebäude auf dem Klosterhof, vor allem die aus dem Jahre 1495 stammende Abtei mit dem prächtigen Ziergiebel aus Backsteinen. Seine Formensprache redet deutlich und vernehmbar von der Schmuckfreudigkeit der Gotik und zeugt von deutschem Geist und Wesen unserer Ahnen, die hier, noch mehr aber in Jügerbog, Kristallisationspunkte in märkischer Koloniallage schufen. Weit ging der Machtbereich der Zinnaer Mönche; 63 Ortschaften nannten sie ihr Eigen – dabei auch Rüdersdorf im Niederbarnim, wo sie zuerst das Kalkgestein abbauten – auch der Sperenberger Gips soll ihnen bekannt gewesen sein – und die Raseneisensteinlager im Baruther Haupttal – und zahlreiche Wassermühlen an der Nuthe gehörten ihnen. 1680, als der Große Kurfürst vom Amte Zinna förmlichen Besitz ergriff, fielen dem brandenburgischen Staate 27 Orte zu. „Diese Dorffe haben 1140 Hufen Land und 12 gangbare Mühlen“, weiß der Chronist damals zu melden.

In Kloster Zinna an der Nuthebrücke finden wir auch ein ehrwürdiges Naturdenkmal: die „Heidenlinde“, unter der der Sage nach die ersten Slawen in dieser Gegend die Taufe empfingen. Sechs Meter Umfang hat der mächtige Stamm, ungefähr 20 Meter Höhe der ganze Baum, der weit über die niedrigen Häuser hinschaut, nutheauf und nutheab. Auf dem Wege nach Luckenwalde treffen wir mitten in der Zinnaer Forst auf eine andere Brücke. Hierher wird die Sage verlegt, in der von dem Junker von Hake auf Stülpe die Rede ist, der dem Ablaßkrämer Tetzel den gefüllten Geldkasten abnahm. Für diese Untat hatte sich bekanntlich der Ritter schon vorher bei Tetzel den Ablaßbrief erworben.

Weiter nach Norden rinnt das Fließ durch Kiefernforsten und Waldwiesen auf Luckenwalde zu. Als ein „Burgward“ wird Luckenwalde („Luch im Wald“ 1216 erwähnt, als eine deutsche Ritterburg zum Schutz gegen die Slawen die Stätte genannt. 1285 verkaufen die Ritter Olgo und Wedego von Richow das „Kastrum“ mit 11 Dörfern dem Kloster Zinna. Hoch überragt der altersgraue, sagenumwobene Wacht-, Wehr- und Glockenturm die Häuser am Markt und läßt sein Doppeldach mit der welschen Haube in dem von der Nuthe gespeisten Stadtgraben spiegeln (Kalendarium: April).

Luckenwalde: Hoch überragt der altersgraue, sagenumwobene Wacht-, Wehr- und Glockenturm die Häuser am Markt und läßt sein Doppeldach mit der welschen Haube in dem von der Nuthe gespeisten Stadtgraben spiegeln.

Es ist der letzte Zeuge aus jener Epoche, in der um deutsche und slawische Kulturgüter in schweren Kämpfen gerungen wurde; eine Zeit, die sich heute, nach 700 Jahren, im Osten unseres Vaterlandes wiederholt. Die große Bedeutung als Industriestadt verdankt

Luckenwalde König Friedrich II., der hier Geraer Kolonisten ansiedelte, die die Tuchmacher in ausgedehntem Umfange betrieben. Die reiche Industrie des emporstrebenden Ortes kennzeichnen die vielen großen Schornsteine am besten, durch die sich Luckenwalde schon aus meilenweiter Entfernung bemerkbar macht.

An Woltersdorf vorüber rinnt die Nuthe, immer bedächtig ihren Lauf fortsetzend, nur aufgerüttelt, wenn die Wasser über Stauwerke, Schaufelräder und Turbinen rauschen; „notec", das träge Wasser, mögen die Wenden schon unseren Grenzfluß genannt haben.

Tal der Nuthe bei Liebätz: Weit dehnen sich die frischgrünen Wiesen, letzte Hochwasserreste leihen vom blauen Himmel und von weißen Haufenwolken und Sonnengold ein stilles Blinken. – Liebätz wird in der Ferne sichtbar.

Als Grenzfluß tritt die Nuthe nun in Erscheinung. Hier begrenzend das „Land Jüterbog" und einen Zipfel des alten Teltow-Landes bei Trebbin mit verwaschenen Umrissen, weiter abwärts aber im Nuthebruch schärfer ausgeprägte Formen tragend, wo die Zauche dem Teltow gegenüber liegt.

Im Mai, wenn sich die im Winter und ersten Frühjahr angesammelten Wassermassen verloren haben, waltet hier die schönste Stimmung. Weit dehnen sich die frischgrünen Wiesen, letzte Hochwasserreste leihen vom blauen Himmel und von weißen Haufenwolken und Sonnengold ein stilles Blinken. – Liebätz wird in der Ferne sichtbar (Kalendarum: Mai). – Ob wir am Rande der Niederungen entlang wandern, oder durch die Lenzburger Forst streifen, deren Erlenbrüche und eichenumsäumte Wege so unendlich viel Tiefes im Ausdruck bergen, an jeder Biegung des Weges entrollen sich neue Landschaftsbilder vor unseren Augen. Überhaupt wenn hin und wieder oder auf längere Zeit die Löwendorf-Ahrensdorfer Staumoränen sichtbar wird, deren südlicher Ausläufer, der Stein-Berg gegen 50 Meter in steiler Kurve zum Nuthe-Tal abfällt.

Diese Gegend scheint in vorgeschichtlicher Zeit kaum besiedelt gewesen zu sein, obwohl einzelne Stellen geradezu zur Wohnstättengründung herausfordern bzw. herausgefordert haben müssen. Nur bei Kliestow finden wir einen für uns gewichtigen Zeugen aus wendischer Zeit. Aus den Wiesen ragt inselartig ein Burgwall auf, bestanden mit Rüstern, Erlen, Eichen und Buschwerk, der den Slawen vor mehr als 700 Jahren als Zufluchtsort, vielleicht auch als Glaubensstätte diente (Kalendarium: Juni). Hart an seiner westlichen Böschung fließt die begradigte Nuthe als „Neue Nuthe“ vorüber, während der alte ehemalige Lauf noch als nasser Graben inmitten der Wiesen an den großen Schlingen und Bögen erkennbar ist. Einen markigen Abschluß bilden die Löwendorfer Berge, die über 50 Meter hoch aus dem breiten Tale aufragen.

Burgwall bei Kliestow: Aus den Wiesen ragt inselartig ein Burgwall auf, bestanden mit Rüstern, Erle, Eichen und Buschwerk, der den Slawen vor mehr als 700 Jahren als Zufluchtsort, vielleicht auch als Glaubensstätte diente.

Im nahen Trebbin treffen wir auf die erste der Nuthe-Burgen, deren Mauern längst gefallen sind, doch ist von der Luckenwalder Straße aus der Hügel deutlich zu erkennnen, der einstmals das wehrhafte Haus trug, zum Schutze des Ueberganges nach dem Lande Jüterbog. Oberhalb des Stauwerkes in der „Neuen Nuthe“, an dem das dunkle, graugrüne Wasser aufschäumend rauscht, zweigt die „Alte Nuthe“ ab, um die Trebbiner Mühle mit der notwendigen Kraft zu versorgen. (Kalendarium Juli). Trebbin, dessen Panorama gerade von hier aus und von dem mit Pappeln bestandenen Dammweg einen lieblichen Eindruck bietet, wird zur Zeit hohen Wasserstandes zu einer Stadt am See mit kaum geahnten Reizen. Verdankt unsere Nuthestadt ihr Entstehen schon der durch das Fließ geschaffenen Geländeform, so ist auch die Nuthe andernteils in früherer Zeit zum Brotgeber eines Teiles der Bewohner geworden. Der Name Fischerstraße deutet darauf hin; die Straße, in der Hans Klauert, der märkische Eulenspiegel geboren sein soll. Er, dessen Possen und Schnurren noch heute nicht vergessen sind und weiter leben im Munde des Volkes.

„Neue Nuthe“ bei Trebbin: Oberhalb des Stauwerkes in der „Neuen Nuthe“, an dem das dunkle, graugrüne Wasser aufschäumend rauscht, zweigt die „Alte Nuthe“ ab, um die Trebbiner Mühle mit der notwendigen Kraft zu versorgen.

Der „Thurdamm“ führte ehemals zu einer anderen Nuthe-Burg, der bei Thure (Thyrow) gelegenen, von der aber heute nicht einmal die Stätte bekannt ist, wo sie gestanden. Anders ist es mit Kleinbeuthen. Scharf umrandet hebt sich der Hügel mit dem herumgeleiteten Graben aus den Wiesen empor, auf dem einst das „feste Sloss zu Buten“ stand (Kalendarium: August).

Der Quitzow hatte sich dort eingenistet, der Widerpart des Nürnberger Burggrafen, der hier in der Mark Wandel schaffen und das Fehderecht der märkischen Schloßgesessenen unterbinden wollte.

„Die Faule Grete“, erzählt man sich, sprach mit bei dem letzten Ringen um die Anerkennung der Hohenzollern; die Mauern sanken in Trümmer, aus dem Schwarzweiß-Panier der Zollern erwuchs das Schwarz-Weiß preußischer Könige und das Schwarz-Weiß-Rot der deutschen Kaiser. „Die Mauern liegen nieder, die Hallen sind zerstört …“ Kropfweiden und Erlen lassen im Winde ihre Blätter lispeln, als wollten sie erzählen von alter Zeit.

Flußabwärts, wo sich Jütchendorf auf einer Talsand-Halbinsel weit in die Niederung hineinschiebt, ändert die Nuthe ihr Gesicht urplötzlich. Breit ausladend liegt der Gröbener See hinter dichtem Schilfgürtel, als ob er unberufene Gäste fernhalten will von seiner blinkend blanken Flut, in der sich das stille Dorf Gröben spiegelt. (Kalendarium: September).

Am Gröbener See: Breit ausladend liegt der Gröbener See hinter dichtem Schilfgürtel, als ob er unberufene Gäste fernhalten will von seiner blinkend blanken Flut, in der sich das stille Dorf Gröben spiegelt.

Noch schöner ist freilich der mit dem Gröbener in Verbindung stehende Siethener See, an dessem Uferrande der Eisvogel nistet, auf dessen Fluten sich Lorche und Litzen tummeln. Vor Jahrtausenden war das Ufer des Gröbener See schon besiedelt, was zahlreiche Spuren verraten, und später erkannten die Slawen mit sicherem Blick die günstige Lage am Ufer der Nuthe, die nicht nur Schutz, sondern auch durch ihren Fischreichtum leichte Lebenshaltung bot, was die Burgwälle bei Jütchendorf und Gröben beweisen.

Dreifach sind die Zuflüsse zum Gröbener See, doppelt die Abflüsse. Immer weiter dehnen sich die Wiesengründe aus; die Nieplitz kommt in den Bereich der Nuthe, um sich mit ihr zu vereinigen. Wie die Nuthe in ihrem Oberlauf als Forellenbach gilt – oder galt – ist dies von der Nieplitz in höherem Maße noch heute zutreffend. Wohl gemerkt: nur in den Quellgebieten. Schwere Arbeit mußte hier geleistet werden, um den Ertrag der Wiesen zu steigern, um nutzlos liegendes Bruchland mit stagnierendem Wasser, mit Sauer- und Hartgräsern in brauchbare Weiden oder heugebende Gründe umzuwandeln. Und doch reichen oft die langzeiligen Entwässerungsrinnen, Königs-Graben, Nuhte und Saugraben (Gröben) nicht aus, die hier zusammenkommenden Wassermassen schnell der Havel zuzuleiten, denn auf der 15 Kilometer langen Strecke beträgt das Gefälle nur 2 bis 3 Meter.

Altwasser der Nuthe bei Philippsthal: Weit ausladende und kurz überkippte Flußkehren geben Wildgeflügel, besonders Enten, willkommenen Unterschlupf. Von Erlen und Weiden umträumt, durch Rohrgürtel geschützt, entfaltet sich hier ein reiches Leben.

Zahllose Altwasser und abgeschnürte Flußschlingen treffen wir gerade hier an. Ein Labyrinth von toten Gewässern lernt der Wanderer und Angler auf seinen Streifen kennen. Neben der Nuthe sind es die Stöcker und Saar mit ihren vielen Verbindungen und Abzweigungen, die dem Bild (besonders dem Kartenbild) Bewegung geben. Nördlich von Saarmund, bei Philippsthal, stoßen wir wiederum im Nuthe-Tal auf derartige Schlingen und können hier recht gut beobachten, wie scharf sich unser jetzt so gezähmtes Fließ in die sandigen Ränder der anstoßenden Hochfläche genagt hat. Weit ausladende und kurz überkippte Flußkehren geben Wildgeflügel, besonders Enten, willkommenen Unterschlupf.

Von Erlen und Weiden umträumt, durch Rohrgürtel beschützt, entfaltet sich hier ein reiches Leben (Kalendarium: Oktober). Noch wilder, ursprünglicher, dichter bestanden mit Bäumen und Sträuchern aller Art müssen wir uns die Niederung der Nuthe vor Jahrtausenden vorstellen, als Elch und Wisent zur Tränke zogen, belauert von den Steinzeitmenschen, die ihre Spuren hier hinterlassen haben. Aber auch später, als das Metall in den Dienst der Menschen gezogen wurde, und abermals später, zur Zeit der Germanen, noch ein gleiches Bild.

Wie in Saarmund eine der wichtigsten Nuthe-Burgen stand, eine Paßstelle deckend, so treffen wir auch bei der Burgfischerei auf eine Stätte, die in frühgeschichtlicher Zeit eine Rolle gespielt hat. Hier stand die „Neue Burg“, die als Grenzfeste der um 1130 deutsch gewordenen Zauche vielleicht gegen die auf dem Teltow noch ansässigen Wenden errichtet wurde; als Baugrund diente vermutlich ein slawischer Burgwall (Kalendarium: November).

Burgfischerei bei Drewitz:
Hier stand die „Neue Burg“, die als Grenzfeste der um 1130 deutsch gewordenen Zauche vielleicht gegen die auf dem Teltow noch ansässigen Wenden errichtet wurde; als Baugrund diente vermutlich ein slawischer Burgwall.

Hart geht die heutige Kreisgrenze an der altehrwürdigen Stelle vorüber; hier Teltow, jenseits der Nuthe die Zauche. Wann die Burg wüst wurde, wissen wir nicht, doch muß sie bald nach dem Erwerb des Teltows durch die Askanier um 1231 ihre Bedeutung als Kastell verloren haben, da von nun ab die Geschichte andere Wege ging, die fern der „Neuen Burg“ vorüber führten.

In dieser Gegen der Nuthe haben wir einst ein umfangreiches Gebiet besessen, in dem sich die Biber kurfürstlichen und königlichen Schutzes erfreuten. Der Große Kurfürst und Friedrich I. hatten hier die Biber erneut aussetzen lassen und sie unter Schutz gestellt; „bei 200 Taler Strafe“. Beim Regierungsantritt Friedrich II. bestand „in dem kleinen Strom Nudo“ noch eine ausgedehnte Niederlassung dieser kostbaren Pelzträger; mit dem Beginn der Nutheregulierung im Jahre 1665 wurde der Schutz aufgehoben und die Biber hier und in der Gegend des heutigen Babelsberger Parkes restlos vertilgt.

Von Saarmund an begleiten in einiger Entfernung mehr oder minder stattliche Höhenzüge den westlichen Rand des Wiesentales. Unterhalb von Drewitz tritt die Nuthe nach und nach in den Bann der dunkelgrünen Ravens-Berge und ihrer schönen Nachbarn; die „Sonnenwarte“ mit den blendend weißen Kuppeln wird sichtbar. Dicht an dem alten Rundling Neuendorf – der Keimzelle unserer jüngsten Stadt (Nowawes) – vorüber windet sich ein Arm der „Alten Nuthe“, während wie mit dem Lineal gezogen die kanalisierte Nuthe mit fast magischer Gewalt auf Potsdam zustrebt. Lange schon sehen wir Türme steil aus dem niedrig erscheinenden Gewirr der Dächer aufragen; besonders die der Garnison- und Heiliggeistkirche.

Dort, wo das träge Fließ sich im Sommer langsam durch die Brücken des Bahndammes schleppt, an Hochwassertagen aber rauschend aufschäumt und sich seiner Urkraft bewußt wird, die Menschenhände in Banden legte, dort, wo sich der ursprünglichen Bewegungsfreiheit Straße und Eisenbahn in den Weg stellen, stand ehemals die Hakenmühle auf dem uralten Verbindungsweg zwischen der nördlichen Zauche und Potsdam einerseits und dem Teltow andererseits. Vielleicht haben diese Mühlen schon zur Zeit der ersten Erwähnung Poztupimi (Potsdams) im Jahre 993 bestanden. Sicheres weiß man aber erst aus der Zeit des falschen Waldemar, als er die ihm gehörende „Hackenmole“ 1349 an die Herren von Torgau auf Burg Zossen verpfändete. 1838 mußte ein Mühlenwerk mit acht Mahlgängen dem Bau der Potsdamer Bahn weichen, und die andere, kleinere Mühle fiel bald darauf einen Schadenfeuer zum Opfer.

Jenseits von Damm und Bahn finden wir die Nuthe wieder, die sich nun zwischen Kleingärten und Bootswerften hindurch windet, um in einem großen Bogen die Havel zu erreichen. Hochauf strebt der Turm der Heiliggeistkirche, der in seinem ganzen Aufbau an das Gigantische gotischer Bauwerke erinnert. An der Stelle lag einst die Burg Potsdam, der Nuthemündung gegenüber (Kalendarium: Dezember). Wenige Bauten sind es in Potsdam nur, die deutsches Wesen atmen, die nicht italienische Palazzos vortäuschen oder französische Schlösser nachempfinden wollen, der „Mode“ folgend. Die Türme der Garnison- und Heiliggeistkirche sind es, in denen der Barockstil noch einmal ansetzt, das Erbe der Ahnen zu neuen Ehren zu erheben – um dann aber endgültig abgetan zu sein. Erinnern wir uns jetzt der gotischen Bauwerke in Jüterbog und des Abthauses in Kloster Zinna, so finden wir hier an der Nuthemündung einen spätern Widerschein des Wesens, der unseren Vätern zur Ehre gereichte, als sie fremdes Kulturgut ablehnten und stolz und selbstwußt, der eigenen Kraft vertrauend, selbständig ihre Wege gingen.

Nuthemündung bei Potsdam: Hochauf strebt der Turm der Heiliggeistkirche, der in seinem ganzen Aufbau an das Gigantische gotischer Bauwerke erinnert. An der Stelle lag einst die Burg Potsdam, der Nuthemündung gegenüber.

Entnommen dem Teltower Kreiskalender 1928

Dr. Josef Drabek:
Roter Turm im Nuthetal

Saarmund. Vor fast 150 Jahren bereiste Theodor Fontane das einstige „Zauche-Städtchen" und blickte vom nahe gelegenen „Galgenberg" über das Nuthetal zwischen Potsdam und Trebbin. Ihm zu Füßen lag „Saarmund mit seinen roten Dächern und rotem Turm". Das weithin sichtbare 40 m hohe Wahrzeichen gehört zur Kirche des Ortes. Ihre fünf Vorgänger befanden sich neben dem Pfarrhaus an der Ecke Markt/Bergstraße und fielen Bränden, Kriegsschäden oder Baufälligkeiten zum Opfer. Das letzte, 1794 eingeweihte und bald baufällig gewordene Gotteshaus wurde 1840 durch ein Großfeuer vernichtet.

Italienisches Flair: Nach Plänen von Ludwig Persius schuf Friedrich August Stüler die Kirche in Saarmund. Foto: J. Drabek

Nach Plänen von Ludwig Persius (1803-1845), zu dessen Hauptwerken die Friedenskirche in Sanssouci und die Heilandskirche in Sacrow zählen, schuf sein Nachfolger Friedrich August Stüler (1800-1865) zwischen 1846 und 1848 am gegenwärtigen Standort eine mit rotem Backstein verblendete dreischifffige neoromanische Pfeilerbasilika im italienisierenden Rundbogenstil der Potsdamer Romanik. Zu Einweihung und erstem Gottesdienst am 20. April 1848 war auch Stülers Arbeitgeber, der „Romantiker auf dem Thron", Friedrich Wilhelm IV. (1795-1861), zugegen. Pfarrer J. G. Dressel vermerkte dazu in seiner Chronik: „Der König mit dem Prinzen Georg von Preußen und zwei Adjutanten saß während der Feierlichkeit zur linken Seite des Altars."

Die von Persius geplante Doppelturmfront war leider nicht genehmigt worden, owohl der Bauherr den 18.000 Reichstaler teuren Sakralbau bezuschusst hatte. So wirkt der schlanke, rechteckige Turm an der Nordwestecke mit den von unten nach oben größer werdenden Fenstern wie ein Campanile, wenn auch die achteckige, schiefergedeckte „Bleistiftspitze" nicht recht dazu passt. Über eine Wendeltreppe gelangt man zu drei handgeläuteten Stahlglocken von 1924, die zwei vorherige Bronzegeläute ersetzen. Seitdem ist das mechanische Uhrwerk nicht mehr in Betrieb, dafür hat Telekomunikationstechnik Einzug im roten Turm gehalten.

Blick auf den prächtigen Kronleuchter und die Mittelkanzel. Die Apsis wartet noch auf die vollständige Farbrestaurierung. Foto: J. Drabek

Das in einen Obergaden endende Mittelschiff besitzt kleinere farbige, jedes Seitenschiff größere Rundbogenfenster und darunter eine Reihe „Ochsenaugen". Unter dem östlichen Giebel schmiegt sich eine turmartige halbzylindrische Apsis mit flachem Kegeldach an das Hauptschiff. Ab der Süd- und Westseite führen einige Treppen in das Innere des monumentalen Baus. Große Rundbogenarkaden ruhen auf Pfeilern und Ecksäulchen. Die bis zum Ostrand reichende hölzerne Hufeisenempore zeigt schlichte klassizistische Ornamentik. Darunter befindet sich an beiden Enden ein verglaster Einbau: die ehemalige Königsloge und die Sakristei. Auf der Westempore steht ein eindrucksvolles Instrument des Potsdamer Orgelbauers Carl Ludwig Gesell (1809-1867) – ein schreinähnlicher, klassizistischer Prospekt mit Pilastergliederung und vier vergoldeten Gipsabdrücken von Kinderfiguren nach Christian Daniel Rauch (1777-1857): Eine davon ist leider bei der letzten Restaurierung zu Schaden gekommen. Die 1917 beschlagnahmten Zinnprospekte wurden später durch die Firma Schuke in Zink ersetzt. Den frei stehenden, blockhaften hölzernen Altartisch zieren Kruzifix und Leuchtenpaar aus vergoldetem Zinkguss. Etwas erhöht erhebt sich dahinter an der halbkuppligen Apsiswand die Mittelkanzel, deren beidseitig emporschwingende Brüstungen von zierlichen Türen verschlosse Trepppen verdecken. Die schlichte, achteckige Taufstele aus poliertem Eichenholz trägt die 1818 aus englischem Zinn angefertigte Taufschale. Von der Nachlassstiftung des ortsansässigen Zimmermeisters Wallis, der sämtliche Holzarbeiten in der Kirche ausführte, stammen die wunderbar gearbeiteten Kronleuchter. Grabtafeln seiner Familie und des Pfarrers Dressels befinden sich an den Aufgängen zur Empore. Rechtzeitig zur Konfirmation 2004 konnte der Chorraum ähnlich der Stülerschen Farbfassung rekonstrukiert werden. Nun mahnt der rote Turm im Nuthetal, dass sich viele Besucher das in neuem Glanz erstrahlende Schmuckstück Saarmunds ansehen und daran erfreuen. Und das besonders, da der Ort 2016 auf seine 800jährige Geschichte zurückblickt (1216 Burgward erstmals erwähnt, 1217 der Ort).

Märkische Bauernregeln
von anno dunnemals

Januar

Im Januar warm, daß Gott erbarm.
Im Januar Reif ohne Schnee, tut allen Pflanzen weh.
Fabian Sebastian läßt den Saft in die Bäume gahn.
St. Paulus klar, bringt gutes Jahr;
doch bringt er Wind, regnet's geschwind.

Februar

Lichtmeß im Klee, Ostern im Schnee.
Februar hat seine Mucken, baut aus Eis wohl feste Brucken.
Ist es an Petri Stuhlfeier kalt, weicht der Winter nicht so bald.
Nach St. Matthies geht kein Fuchs über's Eis.

März

Trockener März erfreut des Bauern Herz.
Donnert‘s im Märzen, schneit's im Mai.
Märzenstaub bringt Gras und Laub.
Gertraud den Garten baut.

April

April kalt und naß, füllt Scheuern und Faß.
Steht der Schlehdorn früh im Blütenschein, wird schon
vor Jakobi (25. Juli) Ernte sein.
Zu früh säen ist selten gut, zu spät tut gar nicht gut.

Mai

Auf nassen Mai kommt trockener Juni herbei.
Walpurgisnacht (1.) Regen oder Tau, auf ein gut Jahr bau.
Maikäferjahr, ein gutes Jahr.

Juni

Vor Johanni (24.) recht viel Regen,
nachher kommt er ungelegen.
Regnet's am Siebenschläfertag (27.),
ist's 7 Wochen lang Regentag.
Petere Paul (29.) klar, ein gutes Jahr.

Juli

Hundstage (23.7. bis 23.8.) hell und klar, deuten auf ein gutes Jahr.
Helle warme Jacobi (25.) kalte Weihnachten.
Dampft das Dach nach Gewitterregen, kehrt‘s Gewitterregen wieder auf anderen Wegen.

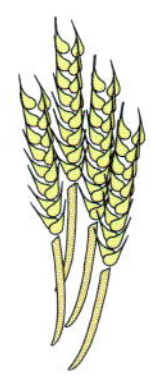

August

Der Tau tut dem August so not, wie jedermann das täglich Brot.
Sind Lorenz (10.) und Sankt Barthel (24.) schön,
ist guter Herbst voraus zu seh‘n.
Wenn‘s der August nicht kocht,
bratet‘s der September nimmer.

September

An Mariä Geburt (8.) ziehen Schwalben und Störche furt.
Wenn die Zugvögel nicht ziehen vor Michaeli (29.)
wird's nicht Winter vor Weihnachten.
Regen auf Sankt Michelstag (29.) gelinden Winter geben mag.

Oktober

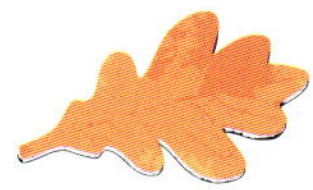

Hält der Baum die Blätter lang, macht ein später Winter bang.
Simon und Judas (28.) fegens Laub in die Gass'.
Ist der Oktober kalt,
so macht er für's nächste Jahr dem Raupenfraße halt.
Bringt Oktober Frost und Wind, wird der Januar gelind'.

November

Bringt St. Martin (11.) Sonnenschein, tritt ein kalter Winter ein.
Den Martin (11.), den Andreas (30.) sieht man lieber dürr als naß.
Wenn auf Martini (11.) Nebel sind,
so wird der Winter meist gelind'.
Viel und langer Schnee, gibt viel Frucht und Klee.

Dezember

Grüne Weihnachten, weiße Ostern.
Wind in der Silvesternacht, wenig Hoffnung aufs Jahr macht.
Wer spärlich seinen Acker düngt, der weiß schon
was die Ernte bringt.
Ist's in der heiligen Nacht hell und klar, so gibt es ein
segensreiches Jahr.

3/7__Nettes von Gestern

Manfred Pieske:
Rübchen-Weltkongress

Nichts ist wichtiger als ein Vereinsabend. Da kann man unmöglich fehlen; wer derlei versäumt, gehört irgendwann nicht mehr dazu. Die Einladung ist früh gekommen, im Jahre 2012 einen Monat vor dem Termin. Informiert wird zur Jahreshauptversammlung des Rübchenvereins: über die Themen des Abends; den Tagungsort (stets das wundervolle Ruhlsdorfer Landhotel Hammer); das Datum; die Uhrzeit des Sitzungsbeginns. Dies geschieht mit freundlichen Grüßen vom Vorsitzenden. Erkennbar ist jedenfalls: die Tagesordnung hat acht Punkte mit vier Unterpunkten, und Punkt eins, wie sollte es anders sein: der Vorsitzende wird begrüßen.

Betroffen sind von soviel Aufwand (bloß) um die 20 Leute. Unübersehbar derweil: die Reihen haben sich gelichtet. Auf Nachfrage hin heißt es: Selbst Rübchen-Freunde sind sterblich. Und andere wieder, selbst der legendäre Rübchenbauer Axel Szilleweit und vormalige Vorsitzende, schwänzt (keine Entschuldigung, kein Gruß von ihm). Grund genug nun, über ihn ein bissl herzuziehen. Zu erfahren ist, auf der Grünen Woche am Berliner Funkturm sei er unvorteilhaft gekleidet gewesen, die am Teltow-Stand ausgestellten ungewaschenen Rübchen hätten ausgesehen wie er selber. Ein Scherz. Schlimmer sind freilich andere Dinge. Denn was ist mit neuen Mitgliedern? Fast eine Fehlanzeige. Beredenswert bleibt allerlei Defizitäres.

Allein der Rübchen-Schnaps überzeugt: eine Neuheit, die endlich da ist. Es gibt Applaus. Wie oft hat es darüber doch Gespräche gegeben, vor allem in Schnapstrinker-Kreisen. Wolfgang Dahms, einst Wirtschaftsförderer des Städtchens, der sich danach nicht nur als bärbeißiger Hauptmann von Köpenick in der Stadt einen Namen gemacht hat, liebäugelte vor Jahren bereits damit, die Doppelkorn-Stadt Nordhausen aufzusuchen, um dort Rübchenschnaps brennen zu lassen. Woraus nichts geworden ist, weil nicht genug Rübchen dagewesen sind. Und ein anderes Mal fehlte der gute Wille, auch das liebe Geld und die liebe Zeit, um sich auf den Weg zu machen, nach Nordhausen.

Aber immer wieder flackerten solche absichtsvollen Gerüchte auf. Schon in grauen Vorzeiten hätten Ackerbürger es darauf ankommen lassen. Da soll es den einen und anderen gegeben haben, der sich am Rübchenschnaps versucht hat. Was allerdings nicht gutgegangen ist. Einer soll, ob seines trinkfreudigen Zuspruchs, sogar blind geworden sein. Das wurde einst schon im „Schwarzen Adler" bewitzelt, und damit hat sich's gehabt – nie wieder Rübchenschnaps, die damalige Empfehlung. Die Rübchen gehören auf den Teller, als Gemüse! Ja, so sprach manch ein abstinenter Kostverächter einst ungereimt daher. Aber: „Hundert Jahre Abstinenz genügen wohl." So ruft Teltows Drucker Jens Grabow während der Hauptversammlung nun in die Runde hinein. Er hat darum (endlich!) ernst gemacht. In aller Stille hat er sich gekümmert, hat Rübchen in ausreichender Menge aufgekauft und destillieren lassen. Zu den Jahreshauptversammlungen bringt er den Rübchen-Schnaps ins Gespräch, holt eine Flasche unterm Tisch hervor und teilt fröhlich mit: „Rübchen-Schnaps macht süchtig!" Da gibt es Leute im Städtchen, die sich einkaufsseitig nicht zurückhalten könnten. Was die Vereinsmitglieder wundert. Und einer spricht es sogar verwegen aus, sagt: „Der Rübchenschnaps riecht ein bisschen nach Unkrautvernichtungsmittel."

Aber wer will wohl frech mäkeln, das neue Rübchenprodukt, abgefüllt in runden, eher ovalen Flaschen, geht von Hand zu Hand. Alle bestaunen das fesche, etwas hermachende altdeutsche Frakturschrift-Etikett. Kosten mag (schon gut, schon gut), so recht keiner an dem Abend, der Geruch genügt, der Vorsitzende (voll Sinn für Realität) ruft schnell den nächsten Tagesordnungspunkt auf.

Die Rede ist nun von einem Rübchen-Kongress. Ja, das ist wohl eher etwas! Das klingt nach neuheitsverdächtigem Aufbruch! Denn die Rübchen-Produktion liegt brach, der Patentschutz geht bei der zuständigen Behörde zu Ende. Ackerflächen müssten her. Und die öffentlichen Auftritte, bis hin zum Ruhlsdorfer Rübchenfest, sollten – so die vage Andeutung – einen neuen Anstrich bekommen. Und so weiter und so fort, die anwesenden Mitglieder des Vereins nicken in die Tischrunde hinein. Sogar Bürgermeister Schmidt, an dem Abend anwesend, schiebt bekennend die Unterlippe vor, murmelt was, will nicht allzu amtsverdächtig daherreden.

Jedenfalls, ach, wie fein: ein Kongress rund um das Teltower Rübchen soll es sein. Vielleicht könnte es sogar ein Weltkongress werden? Das würde was hermachen. Die Presse wäre von überall zur Stelle. Ja, vielleicht kommt sogar das hauptstädtische Fernsehen?

Wer will gegen solch einen Rübchen-Kongress da wohl was haben? Selbst wenn das Arbeit macht, auch eine Kleinigkeit kostet. Doch einer in der Runde fragt trotzdem nach und der Vorsitzende holt tief Luft, stimmt zu: „Ohne Moos nix los.“ Er verweist auf die knappe Kasse, empfiehlt die Erhöhung des Jahresbeitrags der Mitglieder. Sein Vorschlag: Von 18 auf vielleicht 21 Euro? Heraus kämen scharf gerechnet, bei 18 mal 3 Euro eine Mehreinnahme von 54 Euro. Das rechnet einer am Tisch vor. Nun ja, nun ja. Schiefe Blicke. Damit wäre nicht einmal eine Runde Kaffee für die Kongress-Teilnehmer bezahlbar, wirft ein Mitglied ein und fährt grinsend fort: „Nennt sich Teltow nicht stolz Rübchenstadt? Das sollte die Stadt beisteuernd doch ein Sümmchen wert sein? Vielleicht ist eine Bezuschussung des Vereins in Höhe von 15.000 Euro (möglichst sogar von 20.000 Euro) drin? Zustandekommen müsste eine großzügige Vereinsförderung durch die Stadt, jawohl!“

Voll Bedenklichkeit dreht der Bürgermeister die Hand. Rübchen hin, Rübchen her, so einfach sei solch eine Bevorteilung gegenüber anderen Vereinen nicht zu machen. Hat man sich nicht schon vor Jahren tüchtig ins Zeug gelegt? Als es am S-Bahnhof darum ging, den stählernen Rübchenbaum stadttypisch zu beblättern? Aber noch immer steht das Gerüst da wie gewollt und nicht gekonnt, was für eine jammergestaltige Angelegenheit. „Die Förderung bleibt abklärenswert“, sagt der Bürgermeister. Das soll ins Protokoll, unbedingt. Er werde dem Verein zur Seite stehen. Nun wird das Jahr 2015 hoffend erwähnt (und da passiert wirklich was, das niemand erwartet hat, der Rübchenbaum feiert tatsächlich Einweihung, soviel sei nebenher mitgeteilt).

Inzwischen ist der Bürgermeister fort, ein anderer dringender Termin in den Abendstunden; verständnisvoll nickt der Vorsitzende ihm hinterher. Ein Aufbruchssignal auch für andere. Bald sitzt nur noch ein knappes Dutzend Unentwegter am Tisch. Aber immerhin, der Vorsitzende, mittlerweile das dritte Jahr im Amt, bleibt unbeirrt, die berühmte Rübe (die schon der Herr von Goethe tönnchenweise nach Weimar sich schicken ließ und dort verspeist hat) soll wieder marktfähig gemacht werden. Doch wie? Fragende Blicke in die Runde. Desgleichen ein paar kleinlaute Einwürfe. Denn um Teltow herum gibt es lediglich zwei Rübchenbauern. Und Werbung erzeugt womöglich zuviel Nachfrage. Wenn nun nach dem Weltkongress der Rübchenbedarf rasant steigt, was dann? Um dem Übel beizukommen, hat vor Jahren jemand vorgeschlagen, Rübchensamen unter die Balkonbesitzer zu bringen. Andere wieder, ein paar Makler, die mehr an profitablem Häuserbau als Rübchen-Wachstum interessiert gewesen sind, wollten kleine Clans für den Anbau von Rübchen und sonstigem Gemüse bereitstellen. Wenn sie, nun ja, die eine Hand wäscht des anderen Fuß, preisgünstig an entsprechende Immobilien kämen? Pfui-pfui, was für eine Bedürftigkeit da aufzuckt. Daraus wurde nichts, zum Glück. Und jetzt eine andere, neue blitzblanke Idee: Gibt es ringsum nicht Kleingartenanlagen? Warum den Laubenpiepern nicht Rübchensamen zuteilen?

Die Idee zündet. Ach, wie schön, das Weltkongress-Thema steht. Der einzige bemerkenswerte Makel: Ihre paar Rübchen essen die Parzellen-Leute vermutlich selber, wenn sie ihnen (hoffentlich) schmecken.

Derlei Einwand will der Vorsitzende nicht gelten lassen. Seit ein paar Jahren Landtagspolitiker, redet er sich ins Volkstümliche hinein, schont sich nicht, berlinert warmherzig, eine Endlosschleife. So als hätte eine Schippe Süßstoff die Zunge angefeuert, streicht er sich genussvoll über die Lippen, redet gestenreich. Aber ja, das Rübchen ist was zum herzhaften Reinbeißen, etwas Köstliches, fast exotisch. Selbst der alte Haudegen Derlig, über viele Jahre Lokalsender-Chef, hört zu, und das will schon was heißen bei ihm: weil der Landtagsabgeordnete seines Erachtens in der falschen Partei ist, bloß SPD. Besser wäre FDP, Derligs Partei. Oder ist das Rübchen etwa rot? Wer Augen im Kopf hat, erkennt wohl, das Rübchen ist fast beige, hat somit eine Tendenz zum Liberalen, farblich zumindest. So frotzelt er mitunter. Und der andere, der Rübchenverein-Vorsitzende, ein Roter, frotzelt zurück.

Natürlich sind das Reden, die nicht allzu gegenläufig daherkommen. Schließlich ist der Vorsitzende ein Landespolitiker, der nicht nur so tut, als wollte er ins Rübchen-Fach wechseln. Jaja, er macht sich sogar die Hände schmutzig, kratzt sogar außerhalb von Wahlzeiten in Teltower Erde, sät Rübchensamen, erntet, schwört auf das echte Rübchen. Und eines Tages, schau einer her, ist er ja sogar Vorsitzender des Rübchenvereins geworden. Und er bleibt dies nach der Landtagswahl.

Anerkennend lutscht FDP-Derlig an seinem Nikotin-Stäbchen. Solche Leute mag er. Nein, er hat nichts gegen diesen Sozi, der sich (wider Erwarten) ins Teltower Rübchen verliebt hat. Und eins muss man ihm lassen: dieser Kosanke, so übrigens sein Name, bleibt, was er vor der Wahl gewesen ist: ein treuer Vorkämpfer zugunsten des Überlebens der Teltower Rübe. Immerhin, er haucht dem Verein, so gut es gelingen mag, wieder ein bisschen Rührigkeit ein. Der Rübchenverein soll auf die Beine kommen, (was ja in Zeiten abnehmender Wunder ein Glücksfall wäre). Was macht es da schon, dass es mit dem Rübchen-Kongress wie Brustschwimmen in der Badewanne endet. Neunzehn Leute finden sich freiwillig ein, sonst nimmt kaum jemand davon Notiz, nicht einmal die Mitglieder des Vereins selbst (weil sie zum Kongress gar nicht durchgängig eingeladen sind). Und dann die zwei Seelen in der Brust manch eines Teltowers: die Stadt soll endlich sich Rübchenstadt nennen!

Andere wieder wollen viel mehr sein, ein Bollwerk von Wissenschaft und Technik (nebst Kommerz). Das berühmte Rübchen darf freilich auf Kopfbögen, Fahnen und Internet-Adressen der Stadt sich etablieren. Mehr muss wohl nicht sein? Das Rübchen ist berühmt genug! Was in Herbstzeiten an Rübe geerntet wird, reicht ohnehin nur halbwegs zum Verkosten auf Teltower Stadtfesten und schwelgend im engen Familienkreis. Wozu sich da auf den Ortseingangsschildern denn Rübchenstadt nennen? Ein Vertreter der ortsansässigen Technologie und Wissenschaft ruft drum: „In Teltow zählen Köpfe, nicht Rüben!“

Gott geb's.

ANONYMUS:

Lied von Alt-Nowawes

Nach der Weise: An der Saale hellem Strande.

Nowawes, mein Heimat-Örtchen,
Hingebaut auf märk'schen Sand.
Nicht geliebt in weiter Runde,
Oft geschmäht aus vieler Munde,
Mein Herz ist Dir zugewandt.

Dich schuf einst der große König,
Auf des Landes Wohl bedacht.
Rasch mit seiner Augen Blitze,
„Retzow“, sprach der Alte Fritze,
„Hier die Kolonie gemacht.“

Welche Form der Ort soll haben?
„Seh er meinen Hut sich an!
Dreieckig, so will ich's haben!“
Fort sah man den König traben.
Retzow war der rechte Mann.

„Sorg er ja für breite Straßen,
Daß man Maulbeer'n pflanzen kann“,
Schrieb der König, „und nicht Buchen;
Will den Seidenbau versuchen.“
Retzow faßt die Sach recht an.

Und nun kamen sie aus Böhmen,
Wo ihr Glaube Nöte litt.
Thomas, Rachowe, Wenzel, Sorscheck,
Peckreck, Josua, Mara, Lawatschek,
Letochleb, ihr Pastor mit.

Ei, das gab ein fröhlich‘ Staunen,
Ganz verklärt war manch Gesicht;
Breite, baumgeschmückte Straßen,
Schmuck die Häuser, d‘rin sie saßen,
Gärten, Brunnen, fehlten nicht.

Bald begann ein fröhlich Schaffen,
Überall ging‘s „klippe, klapp“,
Schnell die Weberschiffchen flitzen,
Frau‘n am surrenden Spulrad sitzen
Sang ertönt Straß‘ auf, Straß‘ ab.

Und der Name? König Friedrich
Kam geritten vor den Ort,
Traf‘nen Alten: „Sag wie heißt das?“
„No wa wes“ brummt der und geht baß,
„Nowawes“ auf‘s Königs Wort!

Wolfgang Dahms:
Obrigkeitsbesuch

Kürzlich hatte ich, Wolfgang Dahms, einen Traum. Schriftlich bat ich, als Nachfahre des Hauptmanns von Köpenick, um einen Termin bei der Kanzlerin Merkel. Aber keine Antwort, bis in den Schlaf hinein erzitterten empört meine Bartspitzen. Schließlich ging es um mitteilenswerte positive wie negative Dinge über die kleine Stadt Teltow, die es höheren Orts unbedingt mitzuteilen galt. Die Kanzlerin sollte Bescheid wissen! Fix legte ich die Uniform des Hauptmanns von Köpenick an und machte mich auf den Weg, war dann schon am Reichstag, reihte mich ein in die Warteschlange.

Ringsum Verwunderung und Schmunzeln. „Oha!“ ruft ein Mann. „Alte Schule, wat. En Hauptmann aus verjangenen Tagen, und det hier?“

Und da schon eine Männerstimme mit türkischem Akzent:

„Was guckst du! Diese Haus nicht nur für Euch, ist auch meine Haus.“ Er zeigt hin zum Reichstag. „Ich nix Deutscher, aber Berliner. Was nu? Da guckst du.“

Derweil geht es langsam voran, immer ein paar Schritte, und das bei neunundzwanzig Grad über Null, unter meiner Mütze pochten die Schläfen. Allein der schwere Militärmantel, der Schweiß läuft mir über Brust und Kimme in die Unterhose. Kein angenehmes Gefühl. Aber ich halte durch, dies in der Hoffnung, dass das Gebäude voll klimatisiert sein wird.

Mit solchen erwartungsvollen Gedanken noch befasst, sagt neben mir ein Berliner Dreikäsehoch: „Kiek ma, Mutta, dit is doch der olle Hauptmann von Köpenick.“

„Tatsächlich“, sagt die Frau Mama zu ihrem Steppke. „Dit kann nich jut jehen.“

„Wat denn?“

„Na, dit mit dem Säbel. Damit kann der hier doch nich rin.“

„Mutta, ohne Säbel is dit doch ken Hauptmann.“

Es geht wieder gemächlich voran – drei Meter, immerhin etwas. Und dann geschieht es. „Guten Tag, Herr Hauptmann. Wo ist denn Ihr Säbel?“ sagt der Beamte am Einlass.

„Den hab ick hier, in der Hand“, sage ich verlegen, leicht stotternd, auch etwas verärgert.

„Ummachen! Ist doch keine Anzugsordnung für einen historischen Hauptmann, wenn Sie zur Kanzlerin wollen“, raunzt der Diensthabende und blinzelt mir dann schon zu.

Fast überhastet lege ich mein Koppelzeug um, und dann heißt es bereits durchwinkend: „Passieren!“

Schnellen Schritts, ohne den Fahrstuhl zu benutzen, eile ich die letzte Stufe, etwas aus der Puste kommend, weiter hinauf.

Dann, oh Schreck, mir kommt eine hübsche Frau auf dem Treppenpodest entgegen, und sie sagt: „Warum benutzen Sie nicht den Fahrstuhl, Herr Oberst?“

Und ich sage richtigstellend: „Pardon, bin Hauptmann. Fahrstühle sind mir nicht geheuer.“

Nach zackigem Gruß gehe ich flotten Schritts weiter und stehe dann schon vor dem „Allerheiligsten“. Blitzartig mein Gedanke: Wie sprichst du mit der Kanzlerin? Hochdeutsch, ostpreußisch oder berlinisch? Ich entscheide mich für hochdeutsch, obwohl berlinisch besser wäre.

Unterdessen tief Luft geholt, leise an die Tür geklopft, und da höre ich ein zaghaftes „Herein“.

Donnerwetter, da steht sie nun, mir verschlägt es die Sprache, und ich stottere, was ja nicht alle Tage vorkommt: „Bin ich hier richtig bei der Kanzlerin Merkel?“

Denn welch eine Überraschung: eine tolle Frisur, ein dunkler Hosenanzug, weiße Bluse, hochhackige italienische Schuhe, ein betörendes Parfüm von Chanel. Welch eine Verwandlung, ich reibe mir die Augen: von der Raupe zum Schmetterling. Aber welch eine Verwechselung, nicht die Kanzlerin habe ich vor mir, sondern „nur“ eine Vorzimmerlöwin.

Nach dem ich mich erholt habe von meinem Irrtum, frage ich: „Wo ist die Kanzlerin? Ist sie nicht da?"

„Sie ist da", sagt die Sekretärin, „hier sind Sie im Vorzimmer der Chefin. Folgen Sie mir."

Eine große zweiflügelige Tür öffnet sich, und ich darf eintreten. Vor mir steht „die Frau aus dem Osten", und sie streckt mir in typischer Merkelhaltung ihre Hand hin, fragt:

„Sessel oder Stuhl? Nehmen Sie Platz."

Doch bevor ich mich setze, schlage ich dezent die Hacken zusammen und sage: „Gestatten, Hauptmann von Köpenick, der aus Teltow."

Und die Kanzlerin: „Köpenick oder Teltow?"

„Na ja," sage ich, „das ist nämlich so. Der Schuhmacher Wilhelm Voigt brauchte eine Aufenthaltsgenehmigung, die, die er wegen seiner Vorstrafen einfach nicht bekam, und da hat er gehofft, in Teltow Glück zu haben. Deren Kreisverwaltung stand in seinem Schlachtplan an erster Stelle, als es um seine Aufenthaltsgenehmigung ging. Nach dem Köpenicker Rathausstreich sagte Wilhelm Voigt: Köpenick war en Fehler von mir, die hatten jar ken Passamt. Wenn ick det jewußt hätte, wäre ick nach Teltow marschiert. Da jabs ene Stadtkasse, nur: det janze Jeld hat der Stubenrauch fürn Bau des Teltowkanals ausjejeben. Und dann noch en Irrtum: In Teltow jabs überhaupt kene Passstelle, die saß damals längst in Charlottenburg. Ja, so is dit allet jewesen.

„Pech gehabt", sagt die Kanzlerin mitfühlend. „Nu weiß ich auch Bescheid. Möchten Sie Mantel und Säbel ablegen?"

Sofort dachte ich: Den Säbel schon. Aber den Mantel? Zieh ich den aus, sitze ich in Hosen mit Hosenträgern und weißem Seidenschal um den Hals da. Ich beließ es bei meiner Kleiderordnung, eben wie immer, während die gute Angela ohne Umschweife fragt: „Was gibt es denn nun an wichtigen Neuigkeiten aus der Rübchenstadt Teltow zu berichten, wenn Sie schon selber kommen? Schießen Sie mal los."

„Na ja", sage ich.

Wo beginnen? Meine Verlegenheit spürt sie nicht, und da lege ich einfach los, erzähle vom Lokus-Erlebnis. „Also“, sage ich, „ick komm aus Berlin mit der S-Bahn, Linie 25, in Teltow an und will zur denkmalgeschützten Altstadt. Doch uffn Bahnhof, da drückt bei mir der Frühstückskaffee. Aber die Pinkelbude is zu. Wat nu? Janz hilflos steh ick da, mit Angstschweiß uffe Stirn und hüpfe von en Ben uffet andere, det is glatt en Pas de deux aus Schwanensee jewesen, nur der Sound fehlte noch. So verklemmt und außer Puste jekommen, renn ick zum Ende des Bahnsteijs, zum Ufflaufpuffer, um mich fix mal zu erleichtern und mach schon det Koppelzeuch samt Säbel ab, knöpfe den Mantel uff, um det klene Jeschäft zu erledijen. Da en Ruf übers Bahnhofsjelände von ener älteren Dame. Sie, Herr Hauptmann! Was Sie da vorhaben, kann Ihr Ende sein! Wenn Sie die Stromleitung der S-Bahn bei Ihrem Geschäft treffen, ist es aus mit Ihnen, dann sind Sie bloß noch der Glühstrumpf einer Gaslaterne, kein bisschen mehr.

Also Rückzug. Wohin? Weit und breit nichts zur Druckentlastung. Am besten aufs Schienenbett gepinkelt. Schlimm, einfach schlimm. Vom Bahnsteig hoch die Treppe, und schon steh ich auf dem Bahnhofsvorplatz. Hilfesuchend sehe ich nach links und nach rechts. Nichts! Keine Toilette. Wo lassen denn andere Leute das, was jeder mal muss?“

„O je.“ Die Kanzlerin lacht.

„Mein Schicksal: Verkneifen. Suchend wandert mein Blick über den Platz. Vor mir eine Rübchenstele, ziemlich gelungen, ein Werk, dass zur Vollendung über zehn Jahre gebraucht hat. Nun steht das Rübchen in Großformat uffn Bahnhofsvorplatz, janz groß und unübersehbar und mächtig teuer, weil daran eine Ewigkeit gebaut worden ist. Kene Kontrolle vont Bauamt und Stadtparlament. Aber, liebe Frau Kanzlerin, et jibt Schlimmeres für die Teltower, Kleinmachnower und Stahnsdorfer: den Fluglärm vom Schönefelder Flugplatz „Ewig“. Wat ja bisher kener is, da ken Fliejer startet und landet. Da jibts Witzbolde, die sind dafür, hier ne Schutz-Ruhezone zu schaffen, und alle fliegen nur mit dem Heißluftballon leise, janz leise und langsam in Urlaub.

So, nun ist genug berlinert, wird Zeit, Sie zu verlassen, Frau Kanzlerin. Ein anderes Mal mehr. Herzlichen Dank auch für den Pott Kaffee und das Glas Wasser."

Lächelnd gibt mir die Frau Merkel die Hand. „Oder haben Sie noch was auf dem Herzen?"

Ja, warum nicht? Wenn ich so gebeten werde? Von der kleinen Stadt Teltow gibt es schließlich genug zu berichten. Ich erzähle da vom Zickenplatz, der schon im 18. Jahrhundert in der Stadtchronik vorkommt, erst 1914, kurz vor dem Weltkrieg, seine Bedeutung als Sammelplatz für Schafe und Ziegen verlor. Fast hundert Jahre später, erst 2010 wurde der Platz neu gestaltet mit einem Baum und einigen Sträuchern, gepflastert und mit einer Sitzbank versehen. „In Teltow, müssen Sie wissen, Frau Bundeskanzlerin, dauert alles ein bisschen."

Und augenzwinkernd teile ich noch mit: „In der Provinzackerstadt jibt es nicht mehr viele Zicken, und die da sind, meckern umso heftiger, dies unter dem Motto: Hamse schon jehört. Schön wäre schon en Platz mit Tradition, mit enem brandenburgischem Findling, nich so jroß, nich zu klen mit der Uffschrift Zickenplatz. Und zwe junge Zicklein, die uff den Stein stehen und en Hütejunge, der uffpasst, det nich so viel jemeckert wird, dürfte es auch sein. En Zickenbock steht schon uff dem Platz."

„Was sagt denn Herr Schmidt, der Bürgermeister, dazu?"

„Kein Geld, kein Geld. Unser Stadthafen, sein Steckenpferd, soll und muss fertig werden, egal was der kostet. Und der kostet ..., weit mehr als veranschlagt."

„Ja, das liebe Geld, Herr Hauptmann. Schaffen Sie welches heran, ohne gleich wieder eine Stadtkasse zu plündern."

„Jesessen hab ick jenug, och bei Ihnen. Ein Spaß. Nee, nee, ick sitz nich wieder ein. Ich bin doch bloß der Wolfgang Dahms, der hiesige Ersatz-Hauptmann."

„So, so."

Die Frau Merkel kichert herzhaft, tritt ins Freie, steigt in einen Hubschrauber und fliegt lärmend davon. Welch ein Brausen in der Luft.

Ich winke und erwache schweißgebadet. Was für ein Traum, Obrigkeitsbesuche können anstrengen.

Noch einmal die Augen schließend, kehre ich in die Geschichte des Schuhmachers Wilhelm Voigt zurück, der nie in Teltow war. Aber er hat ja mich, den Wolfgang Dahms, der bei Festivitäten und besonderen Anlässen zackig auftritt, kesse Reden hält und kein Blatt vor den Mund nimmt. Also nichts für ungut, liebe Leser.

Jott zum Jruß!

Aus der Neuerscheinung:

„Der Hauptmann von Köpenick"
von Wolfgang Dahms

Verlagsbuchhandlung Buchkontor Teltow
Taschenbuch, 172 Seiten, 12,00 €
ISBN 978-3-9815865-3-4

Manfred Pieske:
Eine „ächte“ Teltower Kanonenkugel

Was für ein Filou er doch oft genug war, Teltows Bäckermeister Gerhard Neuendorff. Alle Jahre wieder sorgte er für Gesprächsstoff. Im August 1993 solch eine Kuriosität: an der frisch renovierten Hauswand seiner Bäckerei in der Bäckerstraße Nummer 1 von Teltow prangte eine Eisenkugel, und darunter hing ein messingfarbenes Schild, auf dem jedermann nachlesen konnte, dass es sich nachweislich um eine Kanonenkugel aus dem Jahre 1813 handele.

Vor nicht allzu langer Zeit hatte Neuendorff auf seinem Grundstück bei Aufräumarbeiten die Kanonenkugel, die – nicht größer, nicht kleiner – gut in eine Hand passt. Weil das Ding verdammt schwer war, stutzte der Bäcker, warf die Kugel nicht zum Schrott, sondern brachte sie zum Armeemuseum.

Nach vier Wochen die Nachricht: Jawohl, es ist eine Kanonenkugel aus der Wende 17./18. Jahrhundert. Worauf der findige Bäcker daraus (wegen der Schlacht bei Großbeeren) die Jahreszahl 1813 machte. Denn: irgendwo hatte er gelesen, dass während der Großbeerener Metzeleien die Teltower Mühle beschossen wurde, um das Getreide durch Brand zu vernichten, und so befand Neuendorff: „Da hat einer schlecht gezielt.“

Kurz darauf eine Neuendorffsche Erleuchtung, er erfand ein neues kugelrundes Konfekt, das mit rumgetränkter, gutschmeckender Masse gefüllt war: die „ächte Teltower Kanonenkugel“.

„Ob dies Konfekt so bekannt wie die Mozartkugel wird, bleibt noch abzuwarten“, so ein staunender Mann, der davor stand. Und seine Frau sagte: „Mensch, was muss das doch für ein gemütlicher Krieg gewesen sein.“

Freiherr Karl von Fircks:
Ich weiß

Ich weiß es, deine frommen Augen lügen,
Und was so stolz von deiner Stirne thront,
Als Lüge wandelt es in deinen Zügen,
In deinem Herzen hat es nie gewohnt.

Ich weiß, ich weiß, dein Lächeln kindeshelle
Ist nur ein Lichtstrahl, der auf dir erfror,
Und deiner Locken spielgehob'ne Welle
Verbirgt ein heimlich sündenhorchend Ohr.

Und ob die Scham dir weilet auf der Wange,
In seiner keuschen Hülle ungesehn
Regt sich dein Leib wie eine weiße Schlage,
Und du bist schlecht, ich weiß, doch du bist schön!

Ich will den goldnen Schleier nimmer heben,
Der deiner Seele schwarze Nacht verdeckt,
Und den das Licht errötend dir gegeben,
Damit dein nacktes Herz sich drin versteckt.

Ich will in deinen Zügen gläubig lesen
Der Schönheit ew'ges himmliches Gedicht
Und will versuchen drüber zu vergessen,
Daß Gott dir mehr gab als ein Angesicht.

Aus dem poetischen Nachlasse
des Freiherrn Karl von Fircks.

4/7__(Auto) Mobiles

Um eine Stunde

Aus „Gartenlaube“: Berliner Straßenpostwagen

Berliner Straßenpostwagen: F. Wittig

Zu der obenstehenden Abbildung von F. Wittig heißt es in der „Gartenlaube“ des Jahres 1890:

In Berlin wurden bis vor kurzem die Briefe, welche auf den einzelnen Postämtern zur Einlieferung kamen, durch kleine, in einer bestimmten Reihenfolge bei den einzelnen Ämtern anfahrende Kariolwagen abgeholt und auf das Hauptpostamt verbracht. Die Fahrt, welche ein solcher Kariolwagen zu machen hatte, dauerte je etwa eine Stunde, und so lange ruhten die Briefe unberührt und unbearbeitet in ihrem dunklen Verlies. Das aber bedeutete einen Zeitverlust, der sich mit den Grundsätzen einer auf der Höhe ihrer Aufgabe stehenden Postverwaltung nicht vertrug. So kam man auf den Gedanken, für die Abholung der Briefe von den einzelnen Postämtern eigene große Wagen herzustellen, in welchen nicht nur die Masse der Briefe selbst, sondern auch ein Beamter Platz findet. Dessen Aufgabe ist es dann, während der Fahrt die in Empfang genommenen Briefe rasch mit gewandter Hand zu sortieren und je nach ihrer Adresse in die einzelnen Fächer seines Wagens zu verteilen; ist er an den letzten der ihm zugewiesenen Postanstalten vorüber und hat er auch die von ihr erhaltenen Briefe nach Maßgabe ihres Bestimmungsortes verteilt, dann packt er den Inhalt seiner Fächer in Pakete, welche er fertig zur sofortigen weiteren Versendung auf dem Hauptpostamt abliefert. Dort nimmt er alsbald die für die Postämter seines Bezirkes bestimmten Briefpakete entgegen und begibt sich von neuem auf die Fahrt.

Aus „Gartenlaube“: Die Dampfkalesche

Oder richtiger, der Dampfomnibus? – der zur Zeit in Berlin so viel Aufsehen erregt, ist zwar keine ganz neue Erfindung, aber in ihrer vollendeten Gestalt von so bestechenden Vorzügen, daß man wohl nicht irre geht, wenn man ihr eine bedeutende Zukunft prophezeit. Es ist ein Dampfwagen, der in den verschiedensten Größen hergestellt, ohne Schienen auf jeder beliebigen Straße als Last- oder Personenwagen benutzt werden kann und mit dem Vorzuge einer leichten Lenkbarkeit denjenigen großer Schnelligkeit verbindet. Er wurde vom Fabrikbesitzer A. Bollé in Le Mans ursprünglich für seinen Bedarf konstruiert und bereits vor dem Jahre 1876 benutzt. Der Erfinder legte damals den 200 Kilometer betragenden Weg (Chaussee) von Le Mans nach Paris in 18 Stunden zurück, doch kann er mit seinem Wagen in der Ebene und auf weniger belebten Straßen sogar eine Geschwindigkeit von 20 bis 25 Kilometer in der Stunde erreichen. Schon damals bewegte sich der Wagen auf den am dichtesten bevölkerten Pariser Straßen mit einer solchen Sicherheit, daß er die allgemeinste Bewunderung erregte. Einer der Pariser Akademie der Wissenschaften vorgelegten und in deren Schriften abgedruckten Beschreibung des Wagens entnehmen wir folgende Einzelheiten. Der (ursprüngliche) Wagen wog mit 12 Passagieren und seinen Vorräten an Wasser und Kohle 4800 Kilogramm, von welchem Gewicht die Hinter- und Triebräder nahezu dreiviertel, die beiden etwas kleineren Vorderräder den Rest betragen. Letztere sind in ihrer Bewegung sehr frei und können durch eine einfache Lenkvorrichtung sogleich senkrecht auf jeden beliebigen Drehungsradius eingestellt werden, so daß man mit großer Leichtigkeit ausweichen und sogar ziemlich kurz umdrehen kann. Es wird dies zugleich dadurch erleichtert, daß die Last weniger auf die Achsen als unmittelbar (durch ein Federgestell) auf den Rädern ruht. Hinten am Wagen befindet sich ein aufrechter Field'-scher Röhrenkessel mit Schnellfeuerung, während die vier Triebzylinder unter dem Wagen zwischen den Rädern liegen. Alle Teile des Wagens und der Maschine sind aus Stahl konstruiert.

Vorn am Kutschersitz vereinigen sich die Lenkvorrichtungen derart, daß der Kutscher den Dampfzufluß durch Pedale, die Räderstellung mit den Händen regiert. Er kann sogar, indem er sich einer sogenannten Stephenson'schen Kulisse bedient, rückwärts fahren. Das Steuer, welches auf die Vorderräder wirkt, befindet sich beständig in seiner rechten Hand; es ist an die Stelle der Zügel getreten. Die linke kann, unabhängig von der Geschwindigkeit der Maschine, je nach der Beschaffenheit des Weges die Gangart regeln. Das Manometer befindet sich ebenfalls unter seinen Augen, während die Kesselbedienung einem hinten postierten Heizer zufällt. Von zehn bis zehn Kilometer etwa muß der Wasservorrat ersetzt werden, was mittels einer Dampfpumpe sehr schnell geschieht. Der Kohlenverbrauch beträgt bei dem zur Beförderung von zwölf Personen dienenden Wagen und bei einer Leistung von zirka dreizehn Pferdekraft pro Stunde anderthalb Franken. Wie sich in Paris, wie bei der verbesserten Einrichtung, mit welcher man in Berlin Probefahrten, anstellt, gezeigt hat, arbeitet die Maschine fast geräuschlos und verursacht bei den begegnenden Pferden keinen Schrecken.

Den Bau dieser Wagen hat die Wöhlert'sche Fabrik in Berlin übernommen; beabsichtigt, nicht nur Omnibusse für zwanzig bis dreißig Personen, sondern auch Lastfuhrwerke bis zu achthundert Zentner Tragkraft herzustellen; auch sind bereits trotz der ansehnlichen Preise (zehn bis fünfzehntausend Mark) sehr zahlreiche Bestellungen eingegangen. Ein nach ähnlichen Prinzipien hergestellter Dampffrachtwagen ist übrigens seit einigen Monaten bereits in Chemnitz in Betrieb und hat sich auf den verschiedensten gepflasterten und chaussierten Wegen, zum Teil mit erheblicher Steigung, vortrefflich bewährt. Allem Anscheine nach liegt in dieser Erfindung der Keim einer längst angestrebten Umwälzung unseres Straßenwesens.

peter E R N S T:
60 Jahre mit einem DIXI auf Tour

Im Jahre 1955 stachen dem Studenten der technischen Universität Berlin Charlottenburg niedliche kleine Autos einiger Kommilitonen ins Auge. Zuhause in Güterfelde sagte der Nachbar, ein Taxifahrer, daraufhin befragt: „So etwas gibt es hier auch!, ich habe gerade dieser Tage eine Annonce gelesen.“ Wann und wo war meine Frage, die er nicht beantworten konnte. Meine Recherche aller Zeitungen der letzten Zeit brachten folgende Annonce ans Licht:

Verkaufe:
BMW-„DIXI“-Zweisitzer
Häckselmasch. mit Göpel
P. Dreke, Kerzendorf ü. Großbeeren

Ein sofortiger Besuch führte zu einem zweisitzigen Sportwagen, dessen Motor nach Abrollen des Wagens auf einer Gefällstrecke tatsächlich mit einem markigen Klang ansprang. Die Probefahrt bewies: Er fährt, etwas klapperig und schlenkerig, jedoch sehr beeindruckend. Nach der Einschätzung des Taxifahrers hatte ich mit ca. 600 Mark gerechnet. Der Besitzer erwartete jedoch 2.500 Mark. Nach mehrfachen Besuchen und Kompromissen war mein letztes Wort 1.700 Mark und keine Mark mehr, weder heute noch morgen. Nach 2 Wochen kam eine Postkarte:

Gradewagen Ernst. Foto: P. Ernst

„Bitte Sie bis zum Sonntag den 19.06.1955 noch mal vorbeizukommen um den Kaufvertrag abzuschließen 1.700 Mark“ Es grüßt

Sie Ihr Paul Dreke. Meine Antwort: „Sie können mir den Wagen für 1.700 Mark anliefern.“ Ich hatte die Befürchtung bei der Fahrt mit einem nicht mehr zugelassenen Wagen meinen Führerschein oder ein Strafmandat zu riskieren. Nach Erhalt wurde der Wagen von mir völlig auseinander genommen, wobei es viele Überraschungen gab. Die Polster der Armlehnen entpuppten sich z. B. als mit Damenbinden ausgestopfte Jackenärmel. Er hatte in der letzten Zeit nur noch dazu gedient, die Milchkannen von der Weide zu holen. Nach dem Wiederaufbau wurde der DIXI am 20.04.1956 wieder mit dem Kennzeichen DK 44-41 auf meinen Namen offiziell zugelassen. Das geschah auf dem damals noch erhaltenen Potsdamer Lustgarten unter den Augen einer belustigten Menschenmenge. Unglücklicherweise standen neben mir 2 große Müllfahrzeuge zur Abnahme, neben denen mein bißchen Auto sich irgendwie lächerlich ausnahm. Ausgerechnet an diesem Tage wurde auch noch vom Rundfunk eine Reportage über Kfz Zulassung gemacht, der ich als „Weststudent“ unbedingt aus dem Wege gehen wollte. Geld für einen vorgeschriebenen Verbandskasten und Feuerlöscher hatte ich nicht. Eine schöne kleine messingfarbene Tabakdose mit ein paar Pflastern und einer Mullbinde bekam ein rotes Kreuz auf den Deckel und wurde auf Anforderung vorgewiesen. Sie wurde mit krauser Stirn unter dem Gewieher der Umstehenden anerkannt. „Den Feuerlöscher bitte!“ Da hatte mir der Taxifahrer mit einem riesigen Feuerlöscher aus einem Bus ausgeholfen, der meinen kleinen Kofferraum fast ausfüllte. Als ich das Ungeheuer ans Tageslicht hievte, gab es kein Halten mehr. Zu klein oder zu groß, nichts wie es sich gehörte. Jedem war klar, dass das Ding auf die Dauer bei mir keinen Platz finden konnte, aber man wollte mich los sein und mit der Mängel-Beanstandung fehlender Deckel auf den Sicherungskästen (die ich nachliefern musste) wurde der Dixi zugelassen, obwohl der Kotflügel des rechten Vorderrades abgängig war, diesen bin ich aber noch bei einem Vor-Vorbesitzer auf die Spur gekommen und danach war alles wieder komplett.

Federwagen

Damals gab es den Begriff Oldtimer noch nicht. Es war also eine Kleinwagen-Konstruktion von Herbert Austin, die in England als Austin Seven sehr erfolgreich war. Obwohl Herbert Austin schon einen Konkursverwalter in der Firma hatte, durfte er noch seine Konstruktion zu Ende bringen, welche 1922 in Produktion ging. Auch bei der Firma DIXI Automobile waren ihre großen Fahrzeuge nicht mehr abzusetzen. Man erwarb bei Austin eine Lizenz für deren Konstruktion und baute ab 1927 in den Eisenacher Werken den kleinen „DIXI". Dieses Baujahr steht auch bei meinem Wagen auf dem Fabrikschild. Es ist ein 743 ccm Vierzylinder Viertaktmotor mit einer Leistung von 12 PS. Der ursprüngliche Wagen bekam später eine Roadster-Spezialkarosserie der Karosseriefirma IHLE.

Die erste Urlaubsreise mit meinem Schulfreund ging nach Thüringen ins Gebirge. Unbekümmert, mit schlechten alten Reifen, ohne Reserverad oder Ersatzschlauch. Der Beifahrer infolge fehlenden Kotflügels ohne Schutz vor den vielen überfahrenen Kuhfladen. Diese klebten am Vorderreifen bis sie die richtige Richtung hatten, um dem Beifahrer ins Gesicht zu klatschen, falls er vergessen hatte den Fahrer um ein Ausweichmanöver zu bitten.

Es folgten eine Winterreise mit außen angeschnallten Skiern, und alljährlicher Zelturlaub auf dem Darß. Mit drei weiteren DIXIS machten wir eine 4.000 km Rundfahrt durch Polen. An allen Veteranentreffen der DDR nahm ich mit meinem DIXI erfolgreich teil! 1965 bekam ich eine Einladung zur Internationalen Rallye Historischer Automobile in Budweis, von wo ich mit dem 1. Preis zurück kam.

In den Jahren habe ich mit meinem Dixi bereits 108.457 Kilometer zurückgelegt. Anfangs hatte ich noch keinen original DIXI Tachometer sondern bis zu Kilometer 31.250 einen anderen. Mit dem originalen Instrument bin ich bisher 77.207 Kilometer gefahren.

Hansjörg Zureck, Eisenbahnhistoriker: 100 Jahre Friedhofsbahn

Zugverkehr vorübergehend eingestellt

Am Morgen des 2. Juni 1913 setzte sich am Potsdamer Fernbahnhof in Berlin ein Sonderzug in Bewegung, der ausschließlich mit Prominenz besetzt war: Herausragende Vertreter der Berliner Evangelischen Stadtsynode, der Königlich-Preußischen Eisenbahnverwaltung, des Regierungspräsidiums in Potsdam, des Landratsamtes Teltow, der Anliegergemeinden, der Stahnsdorfer Terraingesellschaft, der Firma Orenstein & Koppel und – last not least – des Hofmarschallamtes des Prinzen Friedrich Leopold von Preußen – eine ungewöhnlich illustre Ansammlung, gehörten zu den Teilnehmern. Ziel der Fahrt: der Bahnhof „Stahnsdorf-Friedhof". Zweck der Fahrt: Einweihung der Stichbahn Wannsee – Stahnsdorf, Besichtigung der Friedhofsanlagen.

Der Bahnhofsvorplatz, festlich geschmückt mit Lorbeerbäumen und umkränzten Fahnenmasten, gab die Kulisse für zahlreiche Festreden ab. Loblieder wurden angestimmt auf das gelungene Bahnprojekt, seine Majestät den Kaiser ließ man hochleben, und zum Schluss erflehte man den Segen des Herrn. Für das leibliche Wohl sorgte der Pächter der neu errichteten Bahnhofsgaststätte.

Einhundert Jahre danach würde man gerne das Jubiläum der Bahn bei laufendem Bahnbetrieb feiern, ginge es nach den Wünschen der meisten Anwohner und ihrer Kommunalvertreter. Aber wie sagt schon Bert Brecht: „Die Verhältnisse, die sind nicht so." Einhundert Jahre nach Betriebsaufnahme ist in Stahnsdorf vom Bahnareal nur mehr ein zugewachsener Bahnsteig übrig geblieben, ein von Schlaglöchern übersäter Vorplatz – und die Bahnhofsgaststätte. Die Bilanz aus 100 Jahren: 48 Jahre und zwei Monate Zugverkehr, ein mageres Ergebnis.

Nur der Friedhof, der ist immer noch da. Wegen der abgeschiedenen Lage und der fehlenden Verkehrsanbindung hat er merkbar an Bedeutung verloren, ebenso wie der benachbarte Waldfriedhof Wilmersdorf.

Eisenbahnfreunde und -historiker gehen noch immer den Spuren der Bahn nach, vorbei an verrottenden Müllbergen, Bahnschwellen und Eisenteilen: Trampelpfade auf dem Bahnsteig zeugen davon. Vor 37 Jahren (1976) wurde das marode Stationsgebäude abgerissen. Nur der kundige Beobachter findet noch Fragmente von Bauteilen – und den Kilometerstein 4/0 (siehe Berliner Verkehrsbetriebe (BVB, Seite 8).

Hundert Jahre sind seit der Eröffnung des Bahnbetriebes vergangen, und es ist ziemlich sicher, dass diese Bahn endgültig der Vergangenheit angehört. Bemerkenswert ist, dass sie eigentlich erst eine Fülle von Publikationen auslöste, nachdem der Betrieb eingestellt worden war.

Grundlage für den Bahnbau war der Vertrag zwischen der Berliner Stadtsynode (BStS) und der Königlich-Preußischen Eisenbahnverwaltung (KPEV) vom 21. Oktober 1909. Bauherr war somit die BstS, Bauausführende die KPEV. Auf dieser vertraglichen Grundlage erfolgten anschließend der Grunderwerb, die öffentliche Auslegung und die Vergabe der Bauaufträge.

In den meisten Abhandlungen wird lapidar gesagt: Den erforderlichen Grund und Boden für die Bahnanlage stellten die Stahnsdorfer Terrain AG (StTAG) und der Prinz Friedrich Leopold von Preußen unentgeltlich zur Verfügung. Die Angelegenheit stellte sich tatsächlich jedoch als weitaus komplizierter dar. Die StTAG verfügte nur über Gelände vom Südwestkirchhof bis zum Teltowkanal. Die Abtretung fiel nicht schwer, schließlich hatte die Gesellschaft der BstB sieben Jahre zuvor das Areal des Südwestkirchhofs für 1,044 Millionen Mark verkauft. Außerdem erwartete sie durch den Bahnanschluss Zuzug von Siedlern.

Die Probleme traten beim nächsten Abschnitt vom Teltowkanal bis zur Gemarkungsgrenze zum Gemeindebezirk Wannsee an der Stammbahn auf. Die Grundbesitzer, Dietloff von Hake und die Hakeschen Erben in Kleinmachnow erhoben vehement Einwände gegen die Bahn. Die Gegend, auf der später die Kolonie Dreilinden entstehen sollte, war – wie man heute sagt – „Bauerwartungsland". Ein von einer Bahnlinie durchschnittenes Gebiet würde als Siedlungsland extrem an Wert verlieren, so die Argumentation der Adelsherren. Und die beschäftigten mit ihren Widersprüchen eine Reihe von Behörden, den Landrat in Teltow, den Regierungspräsidenten in Potsdam und natürlich auch den Bauherren, die BstS. Aber es fand sich ein Ausweg: Die StTAG gründete am 17. März 1909 eine Tochtergesellschaft, die Kolonie Dreilinden GmbH. Diese erwarb den nötigen Grund von den nunmehr einlenkenden Hakes, ließ sich aber den Bau einer Bahnstation vertraglich zusichern.

Bahnhof Stahnsdorf

Immerhin zeigte sich die Gesellschaft noch großzügig, indem sie für den zu errichtenden Haltepunkt 200.000 Mark, als jährlichen Betriebszuschuss 4.000 Mark und für das Bahnhofsgebäude noch einmal 30.000 Mark in Aussicht stellte – und diese Zusagen auch einhielt. Ganz entgegen den üblichen vergleichbaren Entwicklungen brachte der Haltepunkt nicht den erwarteten Aufschwung – die Kolonie blieb immer eine Siedlung im Abseits.

Das größte, zunächst unüberwindlich erscheinende Hindernis stellte sich in Person des oben erwähnten Preußenprinzen, vertreten durch sein Hofmarschallamt (HMA) entgegen. Seit langer Zeit war die Projektierung einer von den Teltower Kreisbahnen zu betreibenden Verbindung vom Bahnhof Wannsee durch den (heutigen) Stadtforst Düppel über Stahnsdorf und Teltow zur Anhalter Bahn bekannt, und außerdem waren dem HMA die Aktivitäten der BstS geläufig. Nun aber erhob das Amt energischen und ausführlichen Widerspruch gegen die Führung der „Trace" (so die seinerzeit übliche Schreibweise). In umfassenden Ausführungen wurde dargelegt, dass das Jagdgebiet seiner Hoheit wegen der Teilung seiner Forsten in zwei ungleiche Teile durch den Bahnbau („dem Leichentransporte dienstbar") völlig entwertet werde. Der Antrag gipfelte in geradezu irrationalen Alternativvorschlägen: Die Trasse sollte auf den gerade erst ausgebauten Havelweg (heute: Stahnsdorfer Damm) verlegt werden oder am westlichen Ende des Kurfürstenweges verlaufen, letztlich möge man einen U-Bahn-Bau (!) in Erwägung ziehen. Auch entdeckte das HMA plötzlich sein Herz für die Ausflügler, indem es auf die Störung der Wanderwege hinwies.

Es bedurfte endlos langer und zäher Verhandlungen, bis das HMA einlenkte. Es machte zur Bedingung, dass bei der Bahnunterführung der Stammbahn-Brücke ein Durchgang für Fußgänger geschaffen würde. Das hätte dort den Bau einer aufwändigen Unterführung mit Treppenanlage und so genannten Gewächshäusern zur Folge. Zudem wurde vorgeschlagen, den Haltepunkt Dreilinden unter die Stammbahn zu verlegen, dann entfiele die aufwendige Untertunnelung für die Fußgänger. Es ist zu vermuten, dass sich die „Hoheit" nicht gänzlich mit der Kirche überwerfen wollte, sie musste aber auch eine mögliche Enteignung – dieses gesetzliche Mittel gab es seinerzeit schon – einkalkulieren. Und das wäre peinlich gewesen.

Ganz so großartig war das HMA letztlich doch nicht: Als sich herausstellte, dass für den Bahnbau im Bereich Wannsee noch ein

Stück Waldgelände benötigt wurde, ließ sich – nach anfänglicher Weigerung – das HMA dieses mit 20.000 Mark bezahlen.

Als schon der Bahnbetrieb lief, meldete sich das HMA noch einmal mit der Forderung, einen befestigten, mindestens fünf Meter breiten Zugang von der Fußgänger-Untertunnelung zum Haltepunkt Dreilinden zu errichten – tunlichst auf Kosten der KPEV – und außerdem eine Wegeverbindung zum Königsweg herzustellen. Damit nicht genug: Im Mai 1913 protestierte das HMA gegen die Benennung des Haltepunkt Dreilinden, es könnte zu Irritationen wegen des nahegelegenen Jagdschlosses selbigen Namens und wegen der früheren Bahnstation „Dreilinden" in Wannsee führen. Immerhin: Das Trassengelände bekam die BStS geschenkt. Allerdings erfolgte keine grundbuchmäßige Übereignung. Das hat Folgen bis in unsere Tage.

Die öffentliche Auslegung der Baupläne erzeugte auch eine große Zahl von Einsprüchen, zumeist von den Anliegergemeinden Gutsbezirk Kleinmachnow, Stahnsdorf, Wannsee und Gutsbezirk Düppel. Dabei ging es vorwiegend um Vorfluter, Straßenanschlüsse, Wegeverbreiterungen, Brückenbauten und Vorhalten von Seitenstreifen längs der Trasse. Der Landkreis und das Regierungspräsidium in Potsdam konnten die meisten Probleme regeln. Insgesamt verzögerte sich der Bahnbau durch die zahlreichen Beschwerden ungebührlich lange. Zum Glück ging keiner der Kontrahenten vor Gericht. Nach Ausschreibung Ende Mai 1911 erhielt die Firma Orenstein & Koppel den Zuschlag für den Bahnbau und seine gesamten technischen Anlagen. Für die Hochbauten wurden örtliche Gewerbetreibende verpflichtet. Die Bauarbeiten begannen am 5. Juli 1911.

Ein Problem tauchte auf, als die KPEV auf dem Gelände des Bahnhofs Wannsee einen Lokschuppen, eine Lok-Versorgungsanlage, eine Kehranlage, Stützmauern und ein Beamtenwohnhaus für 4 Beamte errichten wollte, sämlich auf Kosten der BsiS. Die Bahn sollte im Pendelverkehr betrieben werden, dazu hätte man die zusätzlichen Baulichkeiten benötigt. Die BStS verweigerte die Kostenübernahme, und letztlich entschloss sich die KPEV, Stadt- und Wannseebahn-Züge bis Stahnsdorf durchlaufen zu lassen.

Die Bahn wurde zweigleisig geplant, aber eingleisig ausgeführt. Bemerkenswert bei den Hochbauten ist die große Zahl von Brücken auf einer relativ kurzen Strecke. 1933 und 1939 kamen noch die Bahnunterführung Teerofendamm und Reichsautobahn hinzu. Das aufwändigste Brückenbauwerk ist die Bahnüberführung über die Gleise der Wetzlarer Bahn, ein umfänglicher Betonbau, für den die Gleise der Fernbahn abgesenkt werden mussten.

Ein umfassender Umbau erfolgte 1927 durch die Neuordnung der Bahnanlagen in Wannsee. Damals wurden Gleise der Wetzlarer Bahn verschwenkt. In diesem Zusammenhang änderte sich auch die Kilometrierung der Friedhofsbahn. Die Strecke war nun nicht mehr 4,2, sondern 4,7 km lang.

Die nachfolgenden Brücken sind in späteren Veröffentlichungen beschrieben, vier davon existieren heute nicht mehr. Erwähnenswert ist die Brücke über den Teltowkanal, als Gitterfachwerkbrücke ausgeführt, eine bevorzugte Bauweise der Kanalbauer, verursacht durch den problematischen Berliner Baugrund. Die Brücke tat ihren Dienst bis zum Vorabend der Kapitulation im Mai 1945 – erst drei Jahre später konnte sie wieder dem Verkehr übergeben werden.

Von den Hausbauten sind zu erwähnen: In Dreilinden das seinerzeit als „Wohnhaus für 2 Unterbeamte" bezeichnete Eisenbahnerhaus (seit sechs Jahren veräußert, top-renoviert) und das im Einschnitt gelegene, bescheidene Bahnhofsgebäude. Die Gaststätte am Bahnhofsvorplatz war kein Bau der Bahn, kam erst zu Beginn der 30er Jahre als Privatbau auf Bahngrund hinzu.

In Stahnsdorf wurden drei sogenannte Beamtenwohnhäuser erbaut, außerdem die Leichenentladehalle, die Bahnhofsgaststätte, die Lokbehandlungsanlage im Abstellbereich mit Klein-Stellwerk (entfallen ab 1928) und vor allem der großzügig bemessene Bahnhof. Dieser wurde in Anbetracht der Planungen zur Weiterführung der Strecke – seinerzeit noch recht aktuell – als Durchgangsbahnhof erstellt. Somit gab es den Zugang zum Bahnsteig durch einen Tunnel, der am nordöstlichen Zugang mit einem sogenannten Gewächshaus überbaut war und auf der südwestlichen Seite unter der Bahnhofshalle beginnt. Das Gebäude weist nur wenige, nicht allzu große Diensträume auf, für Gepäck, Fahrkartenausgabe, Aufenthalt für Schaffner und Beamte. Im Wesentlichen handelt es sich um einen Hallenbau. Auf dem Bahnsteig befanden sich ein Warteraum, Dienstraum für die Aufsicht und ein Abort. Daneben gab es noch eine kleine Bahnhofswirtschaft auf dem Bahnsteig im Wartesaal-Häuschen. Sehr beengt übrigens – die Stühle für die Gäste standen auf dem Bahnsteig. Das Bahnsteigdach ist mit etwa 50 Metern extrem kurz angesichts des langen Perrons.

Eine Besonderheit stellte die Leichen-Entladehalle an der Südwestseite des Bahngeländes dar, ein massiver Holzbau auf zementiertem Untergrund (Reste des Fundaments noch heute sichtbar) mit Rampe am Ladegleis. Baupläne oder Ähnliches konnten bislang nicht aufgefunden werden (Foto Seite 102). Die antransportierten Särge wurden von den Güterwagen über eine Rampe ins Gebäudeinnere gebracht, im Hausinneren auf Straßenniveau gehoben, und von dort mit Karren zur Friedhofskapelle gefahren. Die kurzzeitig geplante Einführung der Bahn bis ins Friedhofsgelände war, wohl aus Pietätsgründen, nicht realisiert worden. Neben der Halle entstand noch eine kleine Kläranlage, angesichts fehlender Kanalisation gewiss eine Notwendigkeit. In diesem Zusammenhang muss erwähnt werden: Wo eine Leichen-Entladestelle vorhanden ist, muss es auch eine Beladestelle geben. Diese baute die KPEV auf eigene Rechnung auf dem Gütergelände des Bahnhofs Halensee.

Mit zum Komplex gehörte der Bau der erwähnten Bahnhofsgaststätte auf dem Stahnsdorfer Bahnhofsvorplatz. Sie ist in einer Form mit zwei unterschiedlich großen Gasträumen und einem Wirtschaftsanbau ausgeführt und hatte seinerzeit eine komplette Holzverkleidung. Als Pächter nahm die BStS den bekannten Kleinmachnower Gastronomen Wilhelm Türck unter Vertrag.

Nach Fertigstellung der gesamten Anlage wurde diese, nachdem die BstS sämtliche Kosten beglichen hatte, mit allen Rechten vertragsgemäß der KPEV übereignet. Die KPEV erhielt neben dem eigentlichen Bahngelände noch zahlreiche, an die Bahnhöfe angrenzende Areale – aus Kirchenland wurde Bahnland. Auch das hat Folgen bis in die neueste Zeit.

Die Firma Orenstein & Koppel hatte aus gegebenem Anlass eine Festschrift herausgebracht. Um diese Publikation ranken sich heutzutage Vermutungen. Auf gezielte Rückfragen hat eben diese Firma versichert, sie habe wegen der Kriegsverluste in ihren Archivbeständen kein Exemplar mehr, die Stadtsynode in Ost-Berlin verneinte ebenfalls den Besitz (1986) und auch die Technische Universität in Berlin hat den Titel nicht im Bestand. Eine als „Bildband“ bezeichnete Publikation wurde über die Jahrzehnte hinweg bei der Stahnsdorfer Friedhofsverwaltung verwahrt. Dieser Band wurde inzwischen dem Zentralarchiv der Evangelischen Kirche übergeben. Es ist nicht geklärt, ob die zur Entstehungszeit der Bahn erwähnte Festschrift mit diesem Bildband identisch ist, es ist aber wahrscheinlich.

Auf der Bahn fand Personen- und Güterverkehr (in Dreilinden eingeschränkt) statt. Der Güterverkehr blieb über die Jahrzehnte unbedeutend, trotz entsprechender Einrichtungen, der Personenverkehr auch, weil die Besiedlung nur sehr langsam voranschritt. Nur zu den kirchlichen Gedenktagen gab es Publikumsandrang. Die KPEV hatte die Situation ziemlich genau eingeschätzt, als sie sich zuvor – ehe der Vertrag zum Bahnbau zustande kam – stets geweigert hatte, das Objekt in eigener Regie zu finanzieren.

Ab Eröffnung lief der Bahnbetrieb regelmäßig und eigentlich hat die Bahn seither nicht mehr für Schlagzeilen gesorgt, zumindest nicht bis 1945. Wenige Jahre nach der Eröffnung gab es Pläne, die so konkret ausgearbeitet waren, dass nur äußere, nicht betriebsbedingte Ursachen letztlich die Realisierung verhinderten. Aber sie gehören zur Friedhofsbahn-Chronik. Im Jahr 1916 entwarf die Jüdische Gemeinde in Berlin, offenbar durch das Beispiel des Südwestkirchhofs inspiriert, den Plan, einen Friedhof weit vor den Toren der Stadt zu errichten. Hätte man das Vorhaben verwirklicht, wäre das gesamte Gelände der Kolonie Dreilinden Friedhofsland geworden. So wenig Sinn hatte dieses Unternehmen gar nicht, denn die Kolonie war auch vier Jahre nach Begründung praktisch unbesiedelt. Der Grunderwerb hätte kein Problem dargestellt.

Das Projekt ist ungewöhnlich detailliert ausgearbeitet worden. Es gibt präzise Planzeichnungen. Das Friedhofsareal sollte von der Stammbahn, der Friedhofsbahntrasse sowie vom Teltowkanal und der westlichen Gemarkungsgrenze von Dreilinden begrenzt werden. Die Friedhofsfront hätte sich über die gesamte Länge der Bahnhofsstraße (heute: Lindenbahn) erstreckt. Gravierend waren auch die örtlichen Veränderungen ausgefallen: Die Gleisanlagen des Haltepunkts Dreilinden sollten nach Südosten weitläufig erweitert, der Stolper Weg (nach Brückenabriss) verlegt werden und an der Abrissstelle eine Leichen-Entladehalle mit Ladegleis entstehen. Der Clou allerdings wäre ein 200 Meter langer Tunnel (Innenmaß 2,1 x 3 Meter), von der Entladestelle zum Friedhofsgelände führend, gewesen. In welchem die Särge per Schiene zu transportieren wären. Die Planungen waren derart weit fortgeschritten, dass die Königliche Eisenbahndirektion am 11. Dezember 1916 ihre Zustimmung dazu gab. Offenbar haben kriegsbedingte Ursachen des Ersten Weltkriegs dazu geführt, dass dieses umfangreiche Vorhaben nicht realisiert werden konnte.

Das nächste Projekt, auch bis ins Detail ausgearbeitet, betraf die Erschließung eines großen Landstrichs nordwestlich der Alten Potsdamer Landstraße in Stahnsdorf. Es ist Zeitzeugen noch als Manövergelände der Nationalen Volksarmee (NVA) in Erinnerung.

Der erste Weltkrieg sollte noch 6 Wochen andauern, als die Inspektion der Kaiserlichen Nachrichtentruppe ihr Vorhaben, das oben bezeichnete Gelände per Bahn zu erschließen, bekanntgab. Auch hier sind die Lagepläne und übrigen Beschreibungen so präzise abgefasst, als stünde das Ganze bereits vor der Realisierung. Über den Abzweig von der Hauptbahn (südlich vom Teerofenweg)

Übergänge, Gleislage, Weichen, Laderampen, Warntafeln, sogar Höhenlagen (wegen der unregelmäßigen Geländestruktur) wird beispielsweise explizit berichtet. Die zuzustellenden Wagen sollten von den Abstellgleisen in Stahnsdorf von einer Art „Werklokomotive" zum Zielort überführt werden. Auch dieses Konzept fand die Billigung der KPEV, am 31. Oktober 1918 unterschrieb der Eisenbahn-Bevollmächtigte, der auch schon den Jüdischen Friedhof in Dreilinden genehmigt hatte. Zehn Tage danach waren alle Pläne Makulatur – der Erste Weltkrieg war vorbei.

Ein vergleichsweise kleines Objekt entfachte im Jahre 1922 einen gewaltigen Papierkrieg. Die Reichseisenbahnverwaltung hielt den Bau eines Bahnwärterhauses an der Kreuzung Stammbahn/ Friedhofsbahn für geboten. Der Bau war schon 1912 geplant, aber zuletzt waren die Bahn und die Berliner Stadtsynode derart zerstritten, vor allem wegen Grundstücksfragen, dass es bis 1922 dauerte, dann erst wurde das Bauwerk realisiert. Das Gebäude ist übrigens im Zuge der Grenzausbau- und Sicherungmaßnahmen nach dem 13. August 1961 beseitigt worden.

Nach 1922 geschah für einige Jahre nichts Aufsehenerregendes in Sachen Planung. Die Elektrifizierung im Jahre 1928 – endlich mal eine verwirklichte Maßnahme – brachte den Anschluss an das neue S-Bahn-System.

Es gibt Hinweise zu Beginn des Jahres 1942, dass die Dreilinden-Maschinenbau GmbH, die ab 1934 am Stahnsdorfer Damm in Kleinmachnow aufgebaut wurde, aber ohne Bahnanschluss blieb, wegen der schwierigen Verkehrsverhältnisse zu Kriegsbeginn um einen solchen Anschluss nachsuchte. Dieser wurde angeblich auch genehmigt, genaue Unterlagen fehlen. Die Werksleitung beabsichtigte den Ankauf von Gelände in der Kolonie Dreilinden, um einen Abzweig von dort zum Betriebsbereich zu führen. Berücksichtigt man die gegebene Geländestruktur, dann war eine solche Anbindung mit großen Schwierigkeiten und Kosten zu verwirklichen. Es blieb bei der Absichtserklärung.

Die Nachkriegsgeschichte stellt sich wesentlich ereignisreicher dar. Nach Wiederaufnahme des durchgehenden Betriebes am 28. Mai 1948 (die Teltowkanalbrücke war ab Herbst 1947 instandgesetzt worden, übrigens unter finanzieller Beteiligung der Kirchenbehörde) lief der Zugverkehr regelmäßig bis zum 1. Juni 1952. Von diesem Zeitpunkt ab fanden in Dreilinden (im Zug) intensive Kontrollen statt, da den Bewohnern West-Berlins der Zugang zur DDR verwehrt worden war. Für die West-Berliner Friedhofsbesucher gab es auf Betreiben der Berliner Kirchenbehörden jedoch zu den kirchlichen Feiertagen Passierscheine – bis zum Mauerbau.

Am 19. Januar 1953 stellte die Deutsche Reichsbahn den Betrieb auf der Friedhofsbahn ohne jegliche Ankündigung ein. Später wurden Bauarbeiten als Grund angegeben. Es ist jedoch sicher, dass in der Zeit bis zur Wiederinbetriebnahme am 11. September 1954 keine Arbeiten an der Bahn selbst vorgenommen wurden. Vermutungen besagen, dass damals schon die Abtrennung der West-Berliner S-Bahn erprobt werden sollte. Tatsächlich wurden jedoch die Überwachungsmaßnahmen an der Stadtgrenze perfektioniert: die Grenzpolizei erhielt Diensträume in Stahnsdorf und Dreilinden, außerdem wurde das Nachrichtensystem ausgebaut. Das ermöglichte, auch wegen der Kontrollen im Zug, den 6-Minuten-Kontroll-Aufenthalt in Dreilinden. Die Züge wurden seither wenig genutzt, abgesehen vom Berufs- und Schülerverkehr. Viertelzüge (2 Umläufe/20-Minuten-Takt) reichten zur Bedienung völlig aus.

Es folgten sieben Jahre ohne herausragende Ereignisse, bis am Morgen des 13. August 1961 der diensthabende Eisenbahner in Stahnsdorf eine Tafel mit der Kreideaufschrift „Zugverkehr vorübergehend eingestellt“ vor das Bahnhofsportal stellte – aus historischer Sicht eine geradezu zynische Zeile!

Aber überraschenderweise entwickelte sich nach dem Ende des Bahnbetriebs eine vielfältige Publizität, vermehrt nach den Deutschlandverträgen von 1971 mit den Erleichterungen bei der Einreise in die DDR, und nochmals verstärkt seit November 1989 (Maueröffnung). Jetzt konnte sichtbar nachvollzogen werden, was mit der Bahnanlage (Wannsee – Stahnsdorf) in den vergangenen 38 Jahren geschehen war. Einer der rigorosen Eingriffe war allerdings den ortskundigen Transitreisenden seit Oktober 1969 bekannt: die Führung der neuen Autobahntrasse mitten durch den Bahndamm.

Das DDR-Regime nahm nach 1961 keine Rücksicht mehr, im Gegenteil, es beseitigte mit Eifer alle Spuren einer ehemaligen Anbindung an Berlin: 1962 wurde die Stammbahnbrücke unter einem Erdwall begraben, 1964 verschwand das Bahnhofsgebäude in Dreilinden, 1976 das in Stahnsdorf und wahrscheinlich die Leichenhalle auch.

Im Jahre 1986 arbeitete die West-Berliner Forstverwaltung indirekt den Ideologen in Ost-Berlin zu, indem sie die Bahntrasse auf West-Berliner Seite abräumte. Hier kamen die Versäumnisse von 1911 zum Tragen. Da das oben erwähnte Hofmarschallamt das Trassengelände nur „zur Verfügung gestellt", aber nicht grundbuchrechtlich übertragen hatte, blieb es – nachdem die Stadt Berlin das Waldgebiet 1927 erworben hatte – forstfiskalisches Eigentum, nicht Grundeigentum der Bahn. Somit glaubte sich die Forstverwaltung im Recht. Wer hätte in den 80er Jahren an ein Ende der Mauer gedacht. Seltsamerweise haben die West-Alliierten, gerade beim Bereich Streckenabbau sonst beinahe allergisch reagiert, die Beseitigung der Trasse hier, letztlich zugelassen. Somit blieb als sichtbares Fahrweg-Zeugnis nur noch etwas über 200 Meter Schiene (von km 1,8 bis km 2,0), allerdings auf brandenburgischem Gebiet.

Am 1. Mai 1990 trat eine Bürgerinitiative unter Federführung eines Dreilindener Einwohners an die Öffentlichkeit. Zielsetzung: Wiederherstellung der Friedhofsbahn. Das Vorhaben erwies sich als ebenso engagiert und optimistisch wie am Ende erfolglos. Hinzu kommt, dass beim Einigungsvertrag in Bezug auf die Wiederherstellung des Berliner S-Bahn-Netzes in unverantwortlicher Weise nachlässig und fachlich unkundig verfahren wurde. Darin ist die

Deutsche Bundesbahn überhaupt nicht in die Pflicht genommen worden, und so bestehen aufgegebene Strecken bis heute.

Eine gewisse Hoffnung bestand, als ab 2005 die Evangelische Landeskirche (EKBO), auf der Erfüllung des Vertrags von 1909 bestehend, die Wiederherrichtung der Friedhofsbahn einklagen wollte. Der Prozess zog sich über die Jahre hin und wurde zuletzt in zweiter Instanz zu Ungunsten der EKBO im Juli 2012 entschieden. Die DB AG muss weder den Betrieb wieder in Gang setzen noch für Grund und Boden eine Entschädigung leisten. Das Urteil hat praktisch zum Inhalt: DDR-Willkür bricht Vertragsrecht. Die Entscheidung ist weithin, besonders bei den beteiligten Kommunen, auf Unverständnis gestoßen. Übrigens hatte die DB AG, lange Jahre bevor die gerichtliche Entscheidung fiel, begonnen, Bahnland – ehemaliges Kirchenland – zu veräußern, so in Dreilinden (Eisenbahnerwohnhaus, Bahnhofsvorplatz und angrenzende Grundstücke) und in Stahnsdorf (Bebauung mit Einfamilienhäusern entlang der Bahnhofstraße, Verkauf der Eisenbahnerwohnhäuser).

Zum aktuellen Sachstand: Die vielfältigen Wiederbelebungsvorschläge in den Jahren nach 1989 erbrachten in keinem Falle reale Ergebnisse. Es gab von Verkehrspolitikern realistische Vorschläge, aber auch absurde Initiativen. Zwar bezeichnete die DB AG im Jahre 2003 den Streckenaufbau noch als Option, verkündete aber im selben Jahr definitiv die Auflassung. Insoweit teilt die Friedhofsbahn das Schicksal der benachbarten Stammbahn: Euphorische Bekundungen nach der Wende, Initiativen, jede Menge aufwendiger und abgemagerter Prognosen – alles ohne greifbares Ergebnis. Der Grund für die Verhinderung jeglichen Streckenaufbaus ist allein das fehlende Geld bei Kommunen und Land.

Am 7. März 2012 richtete eine Bundestagsabgeordnete konkrete Fragen, die Friedhofsbahn betreffend, an die DB AG. Die Bahn musste Farbe bekennen: Schon nach dem erstinstanzlichen Urteil (siehe oben) haben bei der DB AG die Planungen für den Rückbau begonnen, vorgeblich – Zitat: „um die hohen Kosten für die Wahrnehmung der Verkehrssicherungspflicht zukünftig einzusparen“.

Laut DB AB führten bereits einzelne Gemeinden, offensichtlich die Anliegerkommunen, bereits Verhandlungen, unter anderem über Brückenabriss und „Freistellung von Flächen". Nur – die beiden Anliegergemeinden Stahnsdorf und Kleinmachnow wissen davon nichts, sondern halten in ehernen Treuebekundungen am Trassenbestand fest. Außer den Brücken gibt es ja nicht mehr viel zu beseitigen, den dicksten Brocken hat die DB mit der Bahnüberführung über die Wetzlarer Bahn im November 1992 verschwinden lassen.

Da ist aber noch die Teltowkanalbrücke. Unterhaltung und Wartung sind Sache der Bahnverwaltung. Eines Tages könnte die marode Brücke die Schifffahrt gefährden. Immerhin gibt es jetzt eine reale Zahl. Die Bahn schätzte im Jahre 2012 den Wiederaufbau der Strecke ohne Gebäude mit 45 Millionen Euro ein. Das ist nicht nur der DB AG, sondern auch den Kommunen und dem Land Brandenburg zu teuer. Fest steht, dass die DB AG die Strecke entwidmen und anschließend alles jetzt noch Verwertbare (vor allem Immobilien) veräußern wird. Zum 100-jährigen Jubiläum wäre es mehr als unpassend. Ganz neu ist die Auskunft des Eisenbahn-Bundesamtes (EBA), die von geplanter Entwidmung oder Rückbau an sich etwas erfahren. Aber die EBA weiß von nichts. Man wird sich damit abfinden müssen: Der Zugverkehr ist nicht vorübergehend, sondern für alle Zeiten eingestellt.

Gekürzt entnommen den „Berliner Verkehrsblättern 6/13

5/7__Örtliches/Lokales

Ulrich Muhs, Pfarrer:

Das kirchliche Leben im Kreise Teltow um die Wende der Reformation

Das kirchliche Leben sammelte sich um die Wende der Reformation selbstverständlich wie auch sonst vor allem um die Kirche. Die ältesten Kirchgebäude des Kreises, wie z. B. die von Teltow, Giesensdorf, Lichterfelde, Mariendorf, stammen aus der Zeit um 1300, als mit Albrecht dem Bären und seinen Nachfolgern christliche Kultur ins Land gekommen war. Die Kirchen waren sämtlich sehr einfach gehalten und in den Grundmauern aus Granitfindlingen ausgeführt, die in großen Mengen auf den Feldern zerstreut lagen. Man hatte sie auch an manchen Orten unseres Kreises noch leichter bei der Hand. War doch zum Beispiel in der Umgegend des alten Teltower Sees eine große Anzahl von Steinkammern, die schon aus der Zeit von 1599 bis 1200 vor Christi Geburt angelegt waren, und in denen man die Aschenreste der Toten in Urnen beizusetzen pflegte. Noch im 18. Jahrhundert, als die Friedrichstadt in Berlin neu gepflastert werden sollte, hat man laut Bericht des Chronisten von Teltow eine ganze Reihe solcher uralten Steinkammern auf der Teltower und Giesensdorfer Feldmark gefunden.

Der Gottesdienst bestand wesentlich aus der Messe, d. h. der unblutigen Wiederholung des einmaligen blutigen Opfers Jesu Christi auf Golgatha. Wer an solcher Messe teilnahm, empfing Ablaß, Erlaß bestimmter Sünden.

Die Beinhäuser und die Vergänglichkeit des Lebens

Das Bedürfnis nach Messen wurde künstlich gesteigert. Bei jeder Kirche befand sich ein sogenanntes Beinhaus, in dem, jedem Besucher der Kirche sichtbar, die ausgegrabenen Gebeine Verstorbener holzstoßartig aufgestapelt waren, damit alle desto mehr an die

Vergänglichkeit des Lebens und damit an die Notwendigkeit, für die Ewigkeit zu sorgen, erinnert würden. Genossenschaften, Handwerksgilden wie auch einzelne Persönlichkeiten wurden so ermuntert, in ihrem und ihrer Mitglieder Interesse Stiftungen zu machen, die solche Messen ermöglichten. So war in Teltow von dem Magistrat eine Stiftung zu Ehren des Leibes des Herrn gemacht worden. Infolge der Brotverwandlungslehre hatte die Verehrung des Leibes des Herrn mehr und mehr Aufschwung genommen. Man sah und verehrte in der vom Priester geweihten Hostie den wirklichen Leib Jesu Christi. In der Petrikirche zu Berlin-Cölln war schon 1391 ein Altar zu Ehren des Leibes und Blutes Jesu Christi gestiftet worden, so daß zu Ehren desselben beständig fünf Wachskerzen brennen konnten. So wollte auch der Rat zu Teltow nicht nachstehen und stiftete einen Altar in der Andreaskirche, damit alle Freitag daselbst eine Messe bei brennender Wachskerze gelesen würde.

Die Stiftung von der Elenden Gilde und anderer privater Stiftungen

Eine andere Stiftung war die von der Elenden Gilde, die sich besonders der armen Pilger anzunehmen hatte, welche nach heiligen Orten wallfahrteten und bei ihren Wallfahrten durch Teltow kamen. Drei Messen mußten wöchtlich gelesen werden, und zwar zugunsten der Stifterin, des Schneidergewerks zu Teltow und alle Angehörigen. Noch eine andere Stiftung war die des heiligen Kreuzes Jesu Christi. Sie war errichtet von der Genossenschaft des Kaland, von der noch später zu reden ist, und zwar zu Ehren und Lob des Kreuzes Christi, um nicht nur der Stifterin Seligkeit zu erwirken, sondern auch die der Anverwandten und nächsten Angehörigen, sowie auch die Seligkeit aller derer, die dem Altar etwas zuwendeten oder die wenigstens einmal in der Woche die Messe des heiligen Kreuzes besuchten. Sie sollten sich z. B. eines vierwöchentlichen Ablasses ihrer Sünden zu getrösten haben. Dazu kamen Privatstiftungen einzelner Personen.

Es war natürlich gar nicht möglich, daß bei solcher Flut von Messen dieselben alle an einem Altar und von einem oder zwei

Priestern der Kirche gehalten werden konnten. Deshalb waren in jeder größeren Kirche, wie z. B. in der von Teltow, verschiedene Altäre errichtet und für diese verschiedenen Altäre wurden auch besondere sogenannte Meßpriester herangezogen. Dieselben waren größtenteils Priester in den benachbarten Ortschaften, hielten sich aber nur dort des Sonntags und an den Festtagen auf, waren aber die Woche über in Teltow und wohnten auch dort in bestimmten Zellen, wie man ihre Behausungen nannte. Wir wissen das z. B. von den Priestern in Gießensdorf, Dahlem, Stahnsdorf und anderen Orten.

Der Ruf der Betglocken

Zu den gottesdienstlichen Handlungen riefen die Glocken. Doch das war nicht ihr einziger Zweck. Sie dienten auch dazu, des Morgens, Mittags und Abends die Glieder der Gemeinde zum Gebet zu ermuntern, daher auch Betglocken genannt, ein Gebrauch, der ungefähr seit 1316 von Papst Johann XXII. zur Zeit der Türkenkriege eingeführt worden war. Man läutete auch bei schweren Gewittern, um die Wetterwolken zu vertreiben. Es wurde auch gelegentlich 24 Stunden ununterbrochen geläutet, um die Seelen im Fegefeuer von ihren Plagen befreien zu helfen oder um sie wenigstens zu beruhigen.

Die Glocken waren zum Teil reich verziert. Name des Glockengießers, des Jahres des Gusses, die Namen der Stifter waren nicht selten verzeichnet. Es fehlte auch nicht an besonderen Inschriften. Häufig kehrt folgende wieder. Sie sei gleich in der Uebersetzung wiedergegeben: Welche Christus zu den feierlichen Umzügen, zu den Gottesdiensten, zu den Begräbnissen, zu den Bittgesängen ruft, die rufe ich oder König, Sohn der Maria, komme mit Frieden.

Viele Glocken waren der Maria geweiht, trugen auch ihren Namen. So wird uns folgendes berichtet: Im Jahre 1515 war die Kirche von Teltow samt dem Glockenturm abgebrannt und die Glocken zusammengeschmolzen. Aus der zusammengeschmolzenen Masse war 1518 eine neue Glocke gegossen worden. Sie wurde dann auf den Kirchhof gebracht, der Jungfrau Maria geweiht und im Beisein der erwählten und schriftlich eingeladenen Paten, wozu auch der Bürgermeister von Teltow gehörte, getauft und mit dem Namen Maria benannt.

Der Marienkult und die Teltower Kirchturm-Sage

Der Marienkultus spielte auch sonst in dem Kreis Teltow eine große Rolle. Zum Beweis sei eine Sage erwähnt, die sich an die Marienverehrung anknüpft. Der Kirchturm von Teltow trägt eine Krone, weshalb die Stadt selbst lange Zeit Kron-Teltow genannt wurde. Eine Fürstin, man sagte wohl, die Gemahlin Karls IV., hätte sich sehnlichst einen Sohn und Erben gewünscht. Um Maria ihren Wünschen geneigt zu machen, hätte sie ständig ein Standbild derselben auf allen ihren Reisen bei sich geführt, welches allerorten, wo sie es hingesetzt, umgefallen wäre. Sie hätte aber die Weissagung empfangen, daß ihr ein Sohn geschenkt werden würde an dem Ort, an dem das Standbild der Maria von selbst aufrecht stehen würde. Das sei nun auf einer Reise in Teltow geschehen, und zum Dank habe ihr Gemahl der Stadt Teltow die goldene Krone für den Kirchturm geschenkt.

Neben der Marienverehrung hatte auch die Heiligenverehrung ihre Stätte. Leider wissen wir wenig davon. In Teltow war die Kirche dem heiligen Andreas geweiht. In Lichterfelde verehrte man wahrscheinlich die heilige Margarete. Lichterfelde ist von Ansiedlern gegründet, die dem Ruf Albrecht des Bären folgend, aus dem noch jetzt 3 Meilen von Brüssel befindlichen Lichtervelde auswanderten. Man darf vermuten, daß sie, wie den Namen der alten Heimat, so auch die dortige Schutzheilige, die heilige Margarete, mitnahmen.

Der Kalandsorden und seine Dienstbarkeiten

Man gedachte auch der Armen. Eine besondere Stiftung zugunsten derselben war für den Kreis Teltow der Kalandsorden, der seinen Sitz auch in Teltow hatte. Es war dies eine Genossenschaft von geistlichen und weltlichen Personen beiderlei Geschlechts, welche am Ersten des Monats, Calendae – daher auch der Name Kaland –, zusammenkamen, sich durch gute Gespräche zu erbauen, den Armen Fleisch, Brot und Geld auszuteilen, für das Begräbnis der Unbemittelten zu sorgen und für die Seelen der Verstorbenen zu beten. Der Oberste der Genossenschaft, Dechant, wurde von der Brüderschaft gewählt, mußte aber von dem Bischof von Brandenburg bestätigt werden und wurde durch einen bischöflichen Abgesandten nach vorhergegangener Messe in der Andreaskirche eingesetzt. Die Bürgermeister von Teltow waren gewöhnlich die Verwalter der Genossenschaft und seiner Einkünfte. Die geistlichen Mitglieder des Kalands setzten sich aus den Geistlichen von Teltow und den benachbarten Ortschaften zusammen. Die übrigen Mitglieder waren meist adlichen Standes, zum mindesten aber begüterte Personen, welche imstande waren, dem Kaland Zuwendungen zu machen, auch gleich anfangs bei der Einschreibung wenigens ein Schock Groschen und ferner alle Monate sechs Groschen Beitrag zu zahlen. Die Kalandszelle, in der die monatlichen Versammlungen gehalten wurden, stand unweit der Kirche. Aus dieser gingen die Mitglieder in zierlicher Ordnung fein sittig und ehrbar zur Kirche in die Messe und nach vollendetem Hochamt in derselben Ordnung wieder in die Zelle zurück. Außer den monatlichen Beiträgen und den schon erwähnten Einschreibungsgeldern verfügte der Orden noch über andere gute Einkünfte, die sonderlich von der Freigebigkeit seiner Mitglieder herrührten. Zudem hielt der Kaland das Tisch- und Tafelzeug zu den Hochzeiten und Kindtaufen, die Krone der Braut, das Seelengerät der Toten, wie Leichentuch, Totenbahre, welches man alles gegen ein bestimmtes Mietsgeld zu entleihen pflegte. Die Zusammenkünfte arteten leider mehr und mehr in Schmausereien aus, so daß man um die Reformationszeit ein großes Gelage kalendern nannte.

Der Ablaßkrämer Tetzel und die reformatorischen Bewegungen

Am 31. Oktober 1517 schlug Luther seine 95 Thesen an die Tür der Schloßkirche von Wittenberg. Seine gewaltigen Hammerschläge drangen auch in unsern Kreis. Sie fanden um so mehr einen Widerhall, als auch hier Tetzel sich unliebsam bemerkbar gemacht hatte. Wir lesen in einer alten handschriftlichen Ueberlieferung folgendes: Als der Ablaßkrämer, Johann Tetzel, im Jahre 1517 in die Brandenburgischen Lande kam, um daselbst seine Ablaßzettel zu verkaufen, hatte er etliche Wochen sein Nachtquartier zu Schloß Beuthen bei Otto von Schlabrendorf. Des Tages über besuchte er die benachbarten Orte Saarmund, Trebbin, Teltow und andere und verkaufte dort dem zuströmenden Volke seinen Ablaß. Des Abends bei der Mahlzeit machte er sich bei Otto von Schlabrendorf sehr lustig und erzählte zur Kurzweil alle seine Schwänke, die er des Tages über gemacht hatte. Er trieb dies so lange, bis ihm wegen seiner anderen Ausschweifungen zu Schloß Beuthen die Tür gewiesen und ihm von Otto von Schlabrendorf gedroht wurde, daß er ihn mit Hunden vom Hof hetzen lassen wollte, wenn er sich darin wieder betreten lassen würde.

Freilich ein sonderlicher Erfolg zu Gunsten der Reformation wurde dadurch nicht hervorgerufen. Das hatte seinen guten Grund. Kurfürst Joachim I. von Brandenburg wollte schlechterdings von der Reformation nichts wissen und suchte sie mit aller Gewalt von seinem Lande fernzuhalten. Umsomehr konnten auch die Bischöfe von Brandenburg, zu deren Bereich der Kreis Teltow gehörte, alles aufbieten. Und sie boten auch alles auf, um die Lehre Luthers nicht eindringen zu lassen. Sie konnten das umsomehr, als sie im Laufe der Jahre auch weltliche Herren von Teltow geworden waren und nun durch allerhand irdische Gunstbezeugungen die Untertanen an sich fesseln konnten. Zu Beginn der Reformation war Bischof von Brandenburg Hironymus Scultetus, eines Schulzen Sohn aus Gramschütz in Schlesien, der bei dem Kurfürsten selbst in großem Ansehen stand. Er war für die damaligen Verhältnisse ein grundgelehrter und beredther Mann, hatte auch anfangs mit Luther Briefe gewechselt, sich auch mündlich mit ihm besprochen. Bezeichnend ist dafür seine Aeußerung, er würde nicht eher sein Haupt ruhig hinlegen, als bis er den Ketzer dem Holzstoß überliefert hätte.

Aehnlich stand sein Nachfolger Dietrich von Hardenberg. Er starb 1526, und sein Nachfolger war Matthias von Jagow. Mit diesem änderte sich die Lage. Unter ihm, heißt es in einem alten Bericht, erhielten die Unterthanen des Bistums mehr Mut und Freiheit, mit der Wahrheit an das Licht zu treten. An der Spitze der Bewegung stand der höchste weltliche Beamte des Bischofs selbst, nämlich der bischöfliche Vogt und Erbrichter des Kreises Teltow, Joachim von Schwanebeck. Der war die Seele der nun stärker einsetzenden reformatorischen Bewegung. Er fand zwar manchen Widerspruch und zwar besonders aus den Reihen der katholischen Geistlichkeit. In Teltow war damals Pfarrer Liborius Groth, eine unbedeutende Persönlichkeit, von der wir nur erfahren, daß er sich nicht von den Strahlen des Evangeliums habe erleuchten lassen. Es war ihm deshalb von dem bischöflichen Stuhl in Brandenburg in richtiger Erkenntnis der Wichtigkeit seiner Stellung in der Kreisstadt eine tatkräftige und zu energischem Widerstand geneigte Persönlichkeit an die Seite gegeben, die die Aufgaben des wichtigen Pfarramtes übernahm und die Triebfeder des Gegensatzes gegen die neue Bewegung wurde. Und zwar war dies Joachim Cassel. Er war früher Rat des bischöflichen Stifts zu Brandenburg gewesen und war dann zum Inhaber des Lehens zum Heiligen Kreuz in Teltow ernannt worden. Er hat nicht die geringste geistliche Geschicklichkeit besessen, wie er denn auch niemals weder gepredigt noch Messe gelesen hat.

Der Gang der Ereignisse und Vollzug des Uebertritts

Joachmim von Schwanebeck fand nicht bloß Widerspruch aus den Reihen der Geistlichkeit, sondern auch rege Unterstützung und zwar durch Kaspar Tornow. Es heißt einmal: Der redliche Joachim von Schwanebeck habe sich gefreut, in Kaspar Tornow einen Mann gefunden zu haben, der Geschick und Neigung habe, nach dem Willen der Heiligen Schrift zu predigen und den Einwohnern die Lehre des Evangeliums vorzutragen. Dieser Kaspar von Tornow war durch Joachim von Schwanebeck nach Teltow gekommen, der ihn zum Hauslehrer seines Sohnes Matthias berufen hatte. Er begleitete später seinen Zögling nach Wittenberg, als dieser auf die dortige hohe Schule gekommen, und hat dort 4 Wochen lang alle Tage Luther, Melanchthon und Bugenhagen, wie andere gelehrte fromme Männer, besucht und gehört.

Das war gewiß nicht ohne Bedeutung für die weitere Entwicklung der Reformation im Kreis Teltow. Die Anhänger derselben empfingen durch ihn im Hause des Joachim von Schwanebeck neue Anregung und wurden einem energischen Vorgehen geneigter. Es wurden häufiger Unterredungen von den benachbarten Pfarrern und Edelleuten in Teltow angestellt. Es fand schließlich im Jahre 1539 im Monat April eine entscheidende Versammlung des Adels des Kreises Teltow bei Joachim von Schwanebeck in Gegenwart des gerade anwesenden Bischofs Matthias von Jagow statt, in der man sich schriftlich verpflichtete, die reine Lehre des Evangeliums anzunehmen und öffentlich zu bekennen.

Wir haben ein genaues Protokoll dieser entscheidenden Versammlung, das in dem sogenannten Schwanebeckschen Hausbuch überliefert worden ist. Matthias von Schwanebeck hat in dasselbe folgende Eintragung gemacht: Als der hochwürdige Bischof Herr Matthias von Brandenburg anno 1539 im Heimzug von Kölln in Teltow gewesen, haben sich die Edle und Beste Junkern aus dem Teltow in meines Vaters Hause zu ihm versammelt und sich mit ihm wegen der reinen göttlichen Lehre beratschlagt, und sind alle eines Sinnes und Willens gewest, selbige anzunehmen und standhaftig zu bekennen, auch daß sie ihren Pfarrern, die sich sperren wollten, zwar nicht durch Gewalt verjagen und verfolgen, sondern ihnen Unterhalt reichen und sich in mittelst nach Predigern der reinen Lehre umthun wollten. Das haben sie alle in einem vorgelegten Revers bezeuget, unterschrieben und besiegelt. So geschehen am 18. April 1539.

Unterschrieben haben sich Jochen von Schwanebeck zu Teltow, Jochen von Hake zu Sand Machnow, Jochen von Schlabrendorf zu Schloß Beuthen, Hans von Beeren zu Groß Beeren, Karl Siegmund von d. Liepen zu Blankenfelde, Otto von Britzke zu Britz, Spiel zu Dalem, Siegmund von Otterstedt zu Dalwitz, Heinrich von Thymen zu Löwenbruch. Am 1. November erfolgte dann der Uebertritt Joachims II. und des Adels von Teltow zu Spandau.

Auch hierüber haben wir den authentischen Bericht eines Augenzeugen, nämlich des schon erwähnten Matthias von Schwanebeck, wiederum in dem Hausbuch seiner Familie. Es heißt darin: Alle diese, nämlich die oben genannten Junkern und Landsassen, sind am 31. Oktober des benannten Jahres nach Spandau gereist, wohin mein Vater mich hat mitgenommen, und haben Tags darauf nach dem Vorgang des Durchl. und Hochgeborenen Kurfürsten Herrn Joachim d. Jüngeren Löbl. Gedächtnisses in der dasigen Pfarrkirche das eine Evangelium öffentlich bekannt und das Heilige Sakrament mit beiderlei Gestalt von gedachtem Herrn Bischof Matthias empfangen.

Dieser Bericht eines Augenzeugen spricht sich zweifellos für Spandau als Ort des Uebertritts Joachim II. aus. Die Worte nach dem Vorgang des Kurfürsten können gar nicht anders verstanden werden, als daß der Kurfürst im Beisein der Teltowschen Edelleute diesen vorangehend das neue Bekenntnis abgelegt habe, und der Anspruch Berlins, daß dort der Kurfürst zuerst das Abendmahl nach evangelischer Weise in zweierlei Gestalt, und damit dort zuerst den Uebertritt vollzogen habe, ist nicht aufrecht zu erhalten.

Nach dem Uebertritt des Kurfürsten und des Adels

Die Reformation wurde nun im ganzen Kreis durchgeführt. Den Erfolg für Teltow beschreibt ein Chronist folgendermaßen: Es machte erst ein und der andere der Geistlichen Schwierigkeiten zu accomodieren, hingegen freute sich die Gemeinde umsomehr, das liebe Wort Gottes in der Teutschen Sprache lesen zu können, daher manche Hausväter hierselbst solche verdeutschte Bibel sich sofort anschafften.

Widerstrebende Geistliche waren die schon erwähnten Liborius Groth und Joachim Cassel geblieben. Sie blieben bis zu ihrem Tode 1540 und 1560 im teilweisen Genuß ihrer Einkünfte. Als erster evangelischer Geistlicher wurde 1546 bei der ersten Generalkirchenvisitation Kaspar Tornow von dem Generalsuperintendenten Jakob Stratner eingeführt.

In Dalem war Simon Haupt Pfarrer gewesen. Er trat gleichfalls zur evangelischen Lehre rüber. Daselbe geschah von dem Pfarrer in Stahnsdorf, einem gewissen Pfeil. In Giesensdorf war Andreas Gering Pfarrer ebenfalls ein eifriger Anhänger der Reformation. Nach dem Uebertritt Joachims trug er auch keinen Augenblick Bedenken, das Evangelium der reinen Lehre zu verkünden und das Abendmahl in beiderlei Gestalt auszuteilen.

In Steglitz ging die Sache etwas anders. Dort war Cyriakus Lufft Geistlicher. Er wollte von der religiösen Neuerung nichts wissen, und als die Gemeinde ihn zum Uebertritt drängte, verließ er 1540 die Gemeinde und ging nach Hildesheim. Da wandten sich die Patrone von Steglitz, die Herren von Spiel, an Andreas Gering, auch das Pfarramt von Steglitz zu übernehmen. Das geschah denn auch. In Lichterfelde war es ähnlich. Der dortige Pfarrer, dessen Namen wir nicht kennen, war zweifelos ein Anhänger der katholischen Kirche geblieben und hatte auf sein Amt in der Gemeinde verzichtet, worauf dann Lichterfelde eine kleine Zeit mit Giesensdorf vereinigt wurde, bis es in Georgius Schulze wieder einen eigenen Pfarrer erhielt.

Entnommen dem Teltower Kreiskalender 1928

GERHARD PETZHOLTZ:

Die Preußische Schweiz bei Potsdam oder: Wie groß ist Kleinglienicke?

In unserem Land gibt es viele Ortsnamen, welche sich Glienicke seit Jahrhunderten nennen:

Glienicke-Nordbahn, Glienicke bei Beeskow, Glienecke bei Ziesar, Großglienicke bei Spandau, Paaren-Glien bei Falkensee und Park und Schloss Glienicke in Berlin-Wannsee und letztendlich die Glienicker Brücke – die legendäre Verbindung zwischen Potsdam und Berlin. Gleich daneben nach Babelsberg liegt Kleinglienicke, das nun einer näheren Betrachtung unterzogen werden soll.

Der Begriff Glien ist slawisch und deutet auf Vorkommen von Lehm und Ton hin, welche für die Ziegelfertigung genutzt wurden. Die heutige noch arbeitende Ziegelei in Glindow bei Werder ist dafür ein beredtes Zeugnis.

Kleinglienicke ist tatsächlich der kleinste Ort von den genannten und trägt seinen Namen zurecht. In einer halben Stunde hat man ihn ohne Atemnot durchschritten. Auf der Landkarte sieht er wie zwei Eselsohren aus; in einer Fernsehdokumentation des RBB wird der Ort von 1945 bis 1989 der „Wurmfortsatz der DDR" betitelt. Damit ist die topographische und politische Lage Kleinglienickes treffend geschildert. Mit der Bildung von Groß-Berlin im Jahre 1920 kamen der Park Glienicke mit den Schlössern zu Berlin-Wannsee, Kleinglienicke verblieb in Neubabelsberg/Kreis Teltow. Hiermit wurde eine unsichtbare Grenze, getrennt durch die Königsstraße, zwischen Berlin und Brandenburg geschaffen, welches dann mit dem Bau der Mauer 1961 fatale Auswirkungen haben sollte!

Kleinglienicke wurde, wie viele märkische Orte, erstmals 1375 im Landbuch von Kaiser Karl IV. als unbedeutende Slawensiedlung am Lauf der Bäke erwähnt. Diese mündet hier in die Glienicker Lake und damit in die Havel. Seit dem Bau des Teltow-Kanals 1906 ist nicht mehr viel von dem Flüßchen zu sehen. Mit dem Kanal wurde der Ort übrigens zu einer Insel: von Babelsberg kommt der Besucher nur über die Parkbrücke, bis 1945 über die damals gesprengte Enva-Pascha-Brücke. Im unbedeutenden Kleinglienicke lebten mittellose Büdner und Kossäten mehr schlecht als recht. Trotzdem ließ Friedrich II. für seine Vasallen im Jahre 1781 einen Friedhof errichten! Mit der Eingemeindung nach Potsdam 1938 ist dieser damit einer der Ältesten der Landeshauptstadt.

Hier ruhen einige Potsdamer Persönlichkeiten des 19. Jahrhunderts, die später genannt werden. Stellvertretend soll im folgenden der Name Wilhelm von Türk beschrieben werden: der Preußische Regierungs- und Schulrat, ein führender deutscher Schul- und Sozialreformer – auch Potsdamer Pestalozzi. Sein Leben und Wirken ist eng mit Kleinglienicke verbunden. Geboren am 8. Januar 1774 in Meiningen, war er verehelicht mit Wilhelmine, geborene von Buch, eine märkische Adelsfamilie aus Stolpe an der Oder (Uckermark). Im Jagdschloss Glienicke, das er käuflich vom Jüdischen Tapetenhersteller Levin Joel erwarb, etablierte Türk das erste Waisenhaus für zivile Kinder. Bis dahin gab es nur das große Militärwaisenhaus in Potsdam.

Prinz Carl benötigte das Jagdschloss für seinen Sohn Karl und erwarb als Ausgleich für Wilhelm von Türk das heutige Gelände und ließ ein Gebäude im neo-klassizistischen italienischen Stil errichten.

In der heutigen Gestalt hat Türk es nicht mehr erlebt. In der „Türkschen Waisen-Versorgungsanstalt zu Kleinglienicke“ lebten ca. 50 Kinder. Neben Schulunterricht wurden sie auch zu kreativer Arbeit herangezogen.

Türk kultivierte die von Friedrich II. geförderte Seidenraupenzucht, in dem er Maulbeerbäume auf dem weitläufigen Gelände anpflanzen ließ. Mit der Gewinnung von Seide aus den Gespinsten der Raupen waren die Waisenkinder sinnvoll beschäftigt. Bekanntlich scheiterte diese gut gedachte Absicht aber an den rauen klimatischen Bedingungen in Mitteleuropa. Trotzdem war es Türks Wunsch, dass an seinem Grabe in Kleinglienicke ein Maulbeerbaum wachsen solle. Das wurde allerdings erst im Jahre 2010 von seinen Nachfahren nachgeholt.

Wilhelm von Türk schuf in Potsdam noch andere mildtätige Versorgungsanstalten. Bei alten Potsdamern ist heute noch die Türksche Schwimmanstalt (bis 1945 – heute Weiße Flotte) in guter Erinnerung. Daher trägt die Nebenstraße am ehemaligen Berliner Stadttor bis heute den Namen „Türkstraße". Schließlich war er einer der ersten verdienten Ehrenbürger Potsdams! Er lebte mit seiner großen Familie in Neubabelsberg direkt am Griebnitzsee auf seinem großen Familiensitz „Türkshof" – heute Karl-Marx-Straße 28/29. Dort wurde 1924 die Villa Mossler von Mies van der Rohe errichtet, die sich heute noch im roten Klinkerstil von den anderen Villen wohltuend abhebt.

Wilhelm von Türk starb am 31. Juli 1846 auf „Türkshof" und wurde auf dem Alten Friedhof in Kleinglienicke beigesetzt. Vier Jahre später folgte ihm seine Ehefrau, sie hatten drei Kinder.

Türk‘s Herz schlug für die unteren sozialen Schichten, die einfachen Leute des sogen. Vierten Standes, und er erkannte die Notwendigkeit, dass dringend etwas getan werden muss. Von Geburt an auf einem Ohr taub, engagierte er sich auf diesem Gebiet, was später, im Jahre 2001, der Anlass dafür war, der Potsdamer Förderschule für Hörgeschädigte den Namen “Wilhelm von Türk-Schule" zu verleihen.Türk‘s Lebensmaxime war: „Lasset uns Gutes thun und nicht müde werden!" (Galather 6.9)

Bis zum Jahre 1824 gehörte die Gemarkung Kleinglienicke dem Fürsten von Hardenberg. Die Erben verkauften es an den 23-jährigen Prinzen Carl, dem Bruder Wilhelms IV., und war damit bis 1918 im Besitz der Hohenzollern.

Carl war ebenso romantisch wie sein Bruder auf dem Thron und machte daraus ein Schweizer Dorf: die kleinen Hügel um den Böttcherberg erinnerten ihn daran, und es wurden für die Bediensteten am Hofe zehn Häuser im Schweizer Heimatstil gebaut. Die kleinen Wohnhäuser der Büdner standen jedoch leer, da der Ort sowieso verlassen wurde, eine Kirche und Gastwirtschaft gab es nicht.

Der Park um den Böttcherberg wurde ab 1833 von Lenné gestaltet, mit Blickbeziehungen zum Babelsberg. In den 1880-er Jahren wurde oben die „Loggia Alexandra“ von David Gily und Ernst Petzholtz d. J. errichtet – mit herrlichem Blick auf Potsdam. Prinz Carl bezeichnete sein Glienicke als „Preußisches Arkadien“. Nach alten Bildern ist das nicht von der Hand zu weisen.

Mit der Bildung von Groß-Berlin zur Reichshauptstadt kam es auch hier zu einer gewaltigen Veränderung: aus Kleinglienicke wurde ein Ausflugsort für die Berliner: zum JWD – janz weit draußen. Die Luft war hier nämlich noch keine Berliner....und so entstanden Ausflugslokale mit Schiffsanlegern und Pensionen. Am bekanntesten war der „Bürgershof“ mit seiner großen Bierhalle nebst Biergarten (gebaut von Ernst Petzholtz d. J.). Die Bahnhöfe „Neubabelsberg“ und „Wannsee“ an der Preußischen Stammbahn trugen wesentlich dazu bei.

Auf der anderen Seite des Griebnitzsees, in Neubabelsberg, wurde das Land parzelliert und es entstanden Villen im Landhausstil für wohlhabende Berliner Unternehmer, Banker und Künstler.

Bekannt ist diese Gegend als Domizil für viele bekannte (und unbekannte) Filmstars der nahegelegenen UFA-Filmstudios in Babelsberg bis 1945 gewesen – doch das ist ein Kapitel für sich.

In Kleinglienicke lebte die prominente Schauspielerin Lilian Harvey in ihrer Villa am Griebnitzsee (steht nicht mehr). Sie war zusammen mit Willy Fritsch das Traumpaar des deutschen Films – aber auch der „blonde Traum“ der Nazis ...!, und so wurde versucht, sie, die ja eine Engländerin war, für die Goebbelschen Gleichschaltungsinteressen einzuspannen. Dem widersetzte sich Harvey, ja, sie half sogar jüdischen Nachbarn zur Flucht. Sie selbst, im Besitz eines englischen Passes, verließ Deutschland im Jahr 1939.

Ein Kleinod in Kleinglienicke: die Kapelle im Mittelpunkt des Ortes, gegenüber dem Jagdschloss. Sie wurde im Jahre 1881 geweiht, genau 100 Jahre nach dem Friedhof. Initiator für deren Bau war der damalige Pfarrer in Kleinglienicke: Louis Petzholtz (1843-

1903). Seine Parochie umfasste die Kirche Peter und Paul auf Nikolskoe, die Heilandskirche in Sacrow sowie die Kirche am Stölpchensee in Wannsee.

In Kleinglienicke befand sich das Pfarrhaus, aber noch keine Kirche. In diesem oder der alten Schule (neben dem Friedhof) fanden Gottesdienste, kirchliche Amtshandlungen und Unterricht für die Kinder statt. Hinzu kam die kirchliche seelsorgerische Ausrichtung der Kinder des Türkschen Waisenhauses. Bisher mussten diese mit ihrem Pfarrer nach Nikolskoe laufen, bei Wind und Wetter ... Diese Unannehmlichkeit bewog Pfarrer Petzholtz dazu, in Kleinglienicke eine Kirche zu errichten. Hinzu kam, dass in Neubabelsberg am Griebnitzsee neue Bewohner sich ansiedelten und damit weitere Kirchgänger einfanden.

Der Pfarrer wurde auf Schloss Glienicke bei Prinzessin Marie, Prinz Leopold sowie Prinz Carl vorstellig und legte seine Gründe dar. „Prinz Charles Glienicke", wie er sich gerne titelte und dem sein Anwesen sehr am Herzen lag, war sofort für das Kirchenprojekt zu begeistern. Kostenlos wurden Grund und Boden sowie 13.000 Mark für den Bau zur Verfügung gestellt. Die fehlenden 7.000 Mark erbat Petzholtz mit einem Immediatsgesuch auf Schloss Babelsberg bei Kaiser Wilhelm I. Dieser bewilligte es als „Gnadengeschenk" – gab lediglich zu bedenken, dass die „hochgelegenen Fenster das Lesen der kleingedruckten Gesangbücher erschweren könnten ..." Da Petzholtz' Vater und Bruder – Ernst Petzholtz d. Ä. und J. – in Potsdam bekannte Baumeister waren, brachte er gleich einen Entwurf mit. Dieser sah, passend zu den Schweizern Häusern, auch diesen alpenländischen Stil vor. Der war allerdings bautechnisch nicht realisierbar, sodass Reinhold Persius seinen Plan 1880/81 umsetzte.

Die Kapelle sollte im üblichen roten Backsteinstil sein und nicht mehr als 120 Plätze haben. Das hölzerne Tonnengewölbe mit den hoch angesetzten Fenstern verleiht der Kapelle eine anheimelnde Gemütlichkeit und Räumlichkeit und wirkt innen größer als draußen – ein „Trabbi-Effekt ...? Pfarrer Louis Petzholtz war verheiratet mit Johanna, geborene von Türk. Ihr Vater war der Rittergutsbesitzer auf Neubabelsberg Adolf von Türk. Dessen Vater war Wilhelm von Türk, der o. g. Schulreformer.

Johanna war damit seine Enkelin. Sie hatten gemeinsam sechs Kinder: zwei Töchter und vier Söhne. Von denen wurden drei ebenfalls Pfarrer, eine Tochter war mit einem Pastor vermählt. Louis Petzholtz konnte „seine“ Kapelle lediglich ein Jahr genießen. Dann wurde er nach Potsdam an die Nikolaikirche zum Superintendenten und Oberpfarrer berufen. Er verstarb 1903, kurz nach Eintritt in den Ruhestand. Seine Ruhestätte befindet sich auf dem Neuen Friedhof in Potsdam.

In Kleinglienicke verlief bis zum 2. Weltkrieg ein normales Kirchgemeindeleben. Zwei damalige Pfarrer, die die NS-Ideologie etablieren wollten, hatten wenig Erfolg bei den Gemeindegliedern.

„Deutsche Christen“ gab es in Kleinglienicke wenige. Allerdings gab es in Kleinglienicke ein tragisches Ereignis, das bezeichnend für den NS-Terror war: Am 30. Juni 1934 wurden in seinem Hause am Griebnitzsee (neben Lilian Harvey) der letzte Reichskanzler, vor Hitler, General Kurt von Schleicher mit seine Frau von SA-Männern erschossen. Dieses Verbrechen vollzog sich mit den Maßnahmen der sogen. „Röhm-Affäre“, als Wehrmacht und SS die Übermacht der SA eindämmen wollten.

Obwohl General Schleicher nichts damit zu tun hatte, war seine Ermordung die Rache für sein vergebliches Verhindern der Machtübernahme durch Hitler in sein Amt als Kanzler.

Eine Sehenswürdigkeit ist der bereits erwähnte Alte Friedhof. Er ist nur einen guten Morgen (0,37 ha) groß, die älteste Grabanlage dort: die der Familie von Türk. Beim Betreten bemerkt der Besucher zunächst das hölzerne Glockengerüst. In diesem ist seit 2014 wieder eine Glocke installiert, nachdem fast 70 Jahre hier keine Glocken läuteten. Die damalige Glocke befand sich im Turm der Kapelle und wurde für Kriegszwecke eingeschmolzen. Nun erklingt diese hier im gleichen Ton wie die in der Kapelle zu Beisetzungen und anderen besonderen Anlässen.

Auf dem hiesigen Friedhof haben vorrangig Bewohner der Villenkolonie Neubabelsberg ihre letzte Ruhe gefunden. Es seien genannt:

Friedrich Sarre –
Direktor der islamischen Abt. im heutigen Bodemuseum
Karl Struve –
Direktor der Sternwarte Babelsberg
Gustav Müller-Grote –
Buchhändler, Verleger
Besitzer der „Truman" – Villa
Alois Riehl –
Philosoph, Bauherr des ersten Hauses
von Mies van der Rohe (in Neubabelsberg)
Carl Stiller –
Berliner Schuhfabrikant
Otto Lipmann –
Psychologe, Institut für angewandte Psychologie
Ulla Wirth-Linow –
„Frau Puppendoktor",
alten Potsdamern in sehr guter Erinnerung.

Ihre Beisetzung ist eine von denen, die nach dem Mauerfall den Alten Friedhof wieder „belebten".

Nach 1945 wurde es hier, wie in ganz Kleinglienicke, ruhiger. Die bisher unsichtbare Grenze zwischen Berlin und Potsdam entwickelte sich zur politischen Demarkationslinie zwischen Ost und West, die mit dem Bau der Berliner Mauer am 13. August 1961 der Höhepunkt wurde. Für die Einwohner Kleinglienickes erschwerte sich der Alltag, denn sie lebten nun auf einer Insel, die nur über die Parkbrücke erreichbar war.

Ebenso traf es die kleine Gemeinde mit ihrem Kirchlein, denn zu ihr gehörten nach wie vor die Heilandskirche in Sacrow, durch den Jungfernsee getrennt, und die Kirche auf Nikolskoe, nun in West-Berlin. Der damalige langjährige Pfarrer Joachim Strauss versuchte unter den sich zunehmend erschwerenden Bedingungen seinem Auftrag nachzukommen und versah die Gottesdienste und Amtshandlungen unbeirrt. Um seine umständlichen Wege mit dem Fahrrad über die Glienicker Brücke zu erleichtern, erhielt Strauss ein Dienstfahrzeug in Form eines Motorbootes für die wärmere Jahreszeit – sicherlich das einzige schwimmende Kirchen-Schiff!? Damit war am 13. August Schluss, denn die Kirche Sacrow, obwohl zu Potsdam gehörig, war ummauert und Nikolkoe in West-Berlin unerreichbar. In Kleinglienicke nahm mit dem allmählichen Einwohnerwechsel unterdessen die Zahl der Kirchgänger ab.

Gerade deshalb blieb Pfr. Strauss mit seiner Familie im Pfarrhaus bis 1977 wohnen. Neben erschwerten Alltäglichkeiten waren sie auch Schikanen und merkwürdigen Besuchern ausgesetzt ...

Ebenso erging es den Bewohnern im „Wurmfortsatz" Kleinglienicke. Durch die ständigen Kontrollen beim Betreten an der Parkbrücke sowie ihren Häusern, bekamen einige die sogen. Mauerkrankheit und verließen diesen Ort. Durch die historisch bedingte Gestaltung Kleinglienickes in zwei Eselsohren hatten in der Wannseestraße die beiden Mauern nur 15 Meter Zwischenraum – es war damit der „engste Punkt der DDR".

In Kleinglienicke passierten auch einige sogen. Republikfluchten: mit Leitern über die Mauer, welche fortan angeschlossen und kontrolliert wurden. Eine Flucht gelang unter der Bäke hindurch zum Jagdschloss in West-Berlin. Von der Kapelle her kam es ebenfalls zu Fluchten nach West-Berlin: einem Dachdecker sowie einem Orgelbauer der Fa. Schuke/Potsdam glückten die Fluchten „nach drüben". Allerdings beendete das die von Pfarrer Strauss schwierig organisierte Erhaltung der Kapelle, da die „Organe" nun keinen Handwerker mehr reinließen.

Der Verfall der Kleinglienicker Kapelle wäre damit besiegelt gewesen, wenn nicht ... im Nov. 1989 für alle unerwartet die Mauer gefallen wäre! Wie überall im bis dahin 28 Jahre geteilten Berlin und Deutschland begannen die Rückbauten des „antifaschistischen Schutzwalls", wie die Mauer anfangs von Ulbricht genannt wurde.

In Kleinglienicke dauerte das noch sehr lange, da in 40 Jahren ein Bevölkerungsaustausch stattgefunden hatte.

Die Reaktivierung der Kapelle wurde vom spontan gegründeten „Bauverein Kapelle Kleinglienicke e.V." 1991 in Angriff genommen. In erstaunlich kurzer Zeit konnte sie ihren alten Glanz wieder erlangen. Hier flossen viele Fördergelder und Spenden von insgesamt 1,5 Millionen DM! Die völlig verrottete Orgel wurde aus einer privaten Spende von 300.000 DM in vergrößertem alten Glanze von der Fa. Schuke/Potsdam wieder errichtet. Die Spender waren oft Menschen, die in der Kapelle vor 1945 getauft, konfirmiert wurden oder geheiratet haben. Da die erste Weihe der Kapelle am Reformationstag, dem 31. Oktober 1881, stattfand, war die Wieder-Einweihung nach 118 Jahren am gleichen Tage 1999. Heute finden in der Kapelle regelmäßig Gottesdienste, Konzerte und Führungen statt. Beliebt sind hier Taufen und Hochzeiten.

Der Alte Friedhof, der 28 Jahre im Niemandsland lag, denn „niemand" aus Ost wie West, durfte diesen betreten, schlummerte weiter dahin. Eine der Ersten, die ihn wieder belebten, waren die Nachfahren Wilhelm von Türks aus Stahnsdorf und Werder/H. Nach der gärtnerischen Neuanlage wurden die sechs gusseisernen Namensplatten restauriert und neu angebracht. Lediglich die Metall-Umzäunung konnte nur provisorisch wieder hergestellt werden.

Seit dem Jahre 1996, dem 150. Todesjahr Wilhelm von Türks, treffen sich im zwei- bis vierjährigen Turnus seine über 50 Nachfahren aus Deutschland, den USA und der Schweiz in Kleinglienicke. Danach entdeckten weitere Nachfahren von Familien-Gräbern den Alten Friedhof. Im Jahre 2000 kam es zur Gründung des „Freundeskreises Kapelle und Friedhof Kleinglienicke". Interessierte Ehrenamtliche oder neue Grabstelleninhaber sowie ABM-Kräfte gestalteten und erhalten den Alten Friedhof, wie dieser sich heute zeigt.

Von den unseligen Mauerzeiten ist heute in Kleinglienicke fast nichts mehr festzustellen – trotzdem hat diese Ära Spuren hinterlassen: von einstmals zehn Schweizerhäusern wurden vier aus „Sicherheitsgründen“ beseitigt, ebenso der Biergarten vom „Bürgershof“, sowie ein Reitstall gegenüber dem Jagdschloss (in West-Berlin).

Die Rudimente der „Enver-Pascha-Brücke“ über den Teltow-Kanal, die 1945 von der SS gesprengt wurde, gehören ebenfalls dazu. Wahrscheinlich wird sie nicht mehr reaktiviert, denn damit würde der beschauliche Ort zur Durchfahrts-Trasse zwischen Potsdam und Wannsee, was wohl kein Anwohner will. Ganz sicher auch wegen des Namens: dem türkischen Militärataché Enver Pascha, der vor seiner Zeit als Kriegsminister in Neubabelsberg lebte. Er war verantwortlich für den Genozid an einer Millionen Armeniern 1917/18 in der Türkei. Sollte diese Brücke je wieder aufgebaut werden, müsste sie den Namen von Johannes Lepsius tragen – dem Pfarrer aus Potsdam, der diesen Völkermord später öffentlich gemacht hat.

In Kleinglienicke enden heute noch einige Straßen im Nichts: wie die zur Brücke, zum Jagdschloß oder zum Friedhof zur Königsstraße. Und das soll so bleiben.

Ein heute noch sichtbares Symbol aus DDR- und Mauerzeiten befindet sich am Hause unweit vom „Bürgershof“: KONSUM. Es steht unter Denkmalschutz – und das ist gut so. So wird auch im Positiven an diese Zeit zwischen 1945 und 1989 erinnert.

FRANK-J. SEIDER:

Das Erbbegräbnis an der Kleinmachnower Dorfkirche

Die folgende Geschichte ist dem Zufall zu verdanken. Jeder Autor historischer Artikel kennt sie, die mühsamen Recherchen in Archiven und Bibliotheken, ohne die solch geartete Texte meistens nicht machbar sind. Und wie bei dem Sprichwort von dem (blinden) Huhn mit dem Korn, so findet auch der Heimatforscher mitunter kuriose Fälle in alten Akten, wo sie nicht zu vermuten sind.

Ähnlich erging es dem Autor dieses Beitrages, als er Nachforschungen zur Geschichte der Teltower Stadtkirche anstellen musste. Bei der Sichtung einer Akte mit dem Titel „Betreffend Einrichtung von Begräbnisstätten und Anlegung neuer Kirchhöfe" stieß er neben wichtigen Informationen für Teltow auch auf Schriftstücke, die von der Dorfkirche in Kleinmachnow handelten. Bei näherer Betrachtung kam ein Vorfall aus den Jahren 1831/1832 zum Vorschein, von dem nun die Rede sein wird.

Bild 1: Ansicht des Anbaus von Süden.
Foto: Seider

Neben der Darstellung der damaligen Ereignisse soll am Ende auch auf die damit in Zusammenhang stehende Baugeschichte der Kleinmachnower Dorfkirche eingegangen werden. Was war Ende 1831 in „Machenow" geschehen?

Am 12. November des genannten Jahres erlag die Gutsherrin Antoinette Amalie von Hake, eine geborene von Malachowsky, ihrem schweren Leiden einer Unterleibserkrankung. Vier Tage darauf, am 16. November, wurde sie laut Kirchenbuch in der Familiengruft beigesetzt. Sie war die zweite Gemahlin von **Johann Philipp Wilhelm von Hake**, Erbherr auf (Klein) Machnow und Stahnsdorf, gleichzeitiger Patron der Kirche von Machnow. Sie wurde nur 47 Jahre alt. Die erste Frau des Gutsherrn von Hake, was hier noch eingefügt werden soll, Henriette Charlotte geborene Hesse, brachte viel Kapital mit in die Ehe, was zu einem vorübergehenden Wohlstand der Familie Hake und dem Hause Kleinmachnow führte (Bau des neuen Gutshauses nach Entwürfen von Friedrich Gilly). Der eheliche Bund mit der Hesse wurde jedoch nach gerichtlicher Scheidung im Jahre 1801 wieder aufgehoben.

Der Tod der Antoinette Amalie von Hake hätte für die Ortsgeschichte von Kleinmachnow keine größere Bedeutung erlangt, wenn nicht die damaligen Umstände eine das Geschehen beeinflussende Rolle gespielt hätten. Die aus dem Jahr 1703 stammende Familiengruft der Gutsherren von Machnow, ein Gewölbe im unteren Teil eines überdachten Anbaues, hatte sich in einem Zeitraum von mehr als 100 Jahren gefüllt. Es bot sich kein Platz mehr für ein weiteres Begräbnis der Familie an. Offensichtlich war diese Gruft nicht für mehrere Jahrhunderte angelegt bzw. dimensioniert. Aufgrund dieses Umstandes befahl der Gutsherr und Witwer der Verstorbenen, den Sarg mit der Leiche einfach in dem über der Gruft befindlichen Teil des Anbaues abzustellen.

Wie aus der neuen Schriftquelle hervorgeht, war dieser Raum jedoch kein Begräbnisort, sondern die eigentliche Sakristei der Kirche. Ursprünglich, beim Bau um 1596, verfügte diese Kirche noch nicht über einen solchen Kirchenraum, vielleicht aus Kostengründen. Bei der Errichtung des Erbbegräbnisses, veranlasst durch Ernst Ludwig von Hake (1651-1713), nutzte man die Gelegenheit und baute über der Grabgruft zu ebener Erde eine Sakristei mit ein. Über dem Ganzen schloss ein Satteldach diesen Anbau auf der nördlichen Seite der Kirche ab. Architektonisch fügte sich dieser an das Kirchenschiff in guter Einheit an die damals über 100 Jahre ältere Kirche an (siehe Bild 1). Die neu geschaffene Sakristei erhielt das gleiche Fußbodenniveau wie die Kirche, und für den

Zugang aus dem Kirchenschiff in dieselbe durchbrach man die nördliche Mauer des Schiffes. Die Durchgangspforte gestalteten und passten die Baumeister dem Stil der Kirche an, mit einem Spitzbogen und mit gleich geartetem Gewände. Sie erhielt auch eine Tür, von der in unserer Geschichte noch die Rede sein wird. (Siehe auch Bild 2)

Aufgrund dieser baulichen Anordnung und dem Abstellen des Sarges in den beschriebenen Raum ließen die Folgen der Handlung, die Sakristei als Begräbnisort auszuwählen, nicht lange auf sich warten. Aus dem Schreiben des Landrats Leopold (von) [1] Albrecht, archiviert in der oben aufgezeigten Akte, ist zu entnehmen, dass im März 1832 der Pfarrer Dreising den Gottesdienst aussetzen musste, weil der Verwesungsgeruch den Aufenthalt in der Kirche unmöglich machte. Stattdessen mussten die Kleinmachnower Kirchgänger die nahe Kirche in Stahnsdorf aufsuchen.

Bild 2: Durchgang zur Kirche von der Sakristei aus gesehen. Foto: Seider

Die Zustände in der Kirche von Klein Machnow blieben der königlich-preußischen Regierung nicht verborgen, doch erst im August 1832 erfolgten erste Schritte. Der Landrat des Kreises Teltow erhielt den Auftrag, sich mit einer Verfügung nach Klein Machnow zu begeben und den Gutsherren von Hake aufzufordern, eine anderweitige Beisetzung der Antoinette von Malachowsky zu veranlassen. Am 24. August des Jahres 1832 machte sich (von) Albrecht auf den Weg ins nahe gelegene Klein Machnow, um Johann Philipp Wilhelm von Hake die Verfügung zu übermitteln. Aus dem vom Landrat abgefassten Bericht geht hervor, welche Argumente der Gutsherr gegen die an ihn gestellte Forderung vorbrachte. Er wäre doch dem Ansuchen des Pfarrers Dreising nachgekommen. *„Er habe seit mehreren Tagen die Thür, welche von der Sakristei, in welcher sich die Leiche aufgestellt befindet, nach der Kirche führte, zumauern lassen, so dass jetzt alle Communication (Austausch/Übertragung) der Kirche mit dem Orte der geschehenen Beisetzung der Leiche ganz unmöglich, mithin auch von einem üblen oder schädlichen Geruche, der die Aussetzung des Gottesdienstes in der Kirche rechtfertigen könne, nicht mehr die Rede sei.“* Im weiteren Gespräch protestierte von Hake energisch gegen eine anderweitige Beisetzung der Leiche, denn eigentlich bestände in seiner Kirche gar keine eigentliche Kirchgemeinde. Im Ort wohnten keine Bauern und alle Eingepfarrten wären (seine) Untertanen und *„ständen in seinem Lohn und Brot“*. Außerdem müsse man die Kirche mit all ihrem Zuberhör als eine Privatkapelle der Hakeschen Familie ansehen und respektieren.

Der Landrat von Albrecht vernahm anschließend auch den herbei befohlenen Pfarrer Dreising, zuständig für die Kirchen in Stahnsdorf, Machnow und Sputendorf. Dieser hatte durch seine Beschwerden, keinen Gottesdienst in Machnow abhalten zu können – den Stein erst ins Rollen gebracht.

Dreising, das lässt sich schwer übersehen, redete seinem Herrn und Patron der Kirche zum Munde. Es stimme, dass er den Gottesdienst mehrere Monate in Machnow aussetzen musste und dass er dem Herrn von Hake schon vor längerer Zeit um die Zumauerung der Tür angesucht habe. *„Andere und unaufschiebbare Arbeiten haben dieses Werk seither unausgeführt gelassen. Und er habe immer gehofft es solle geschehen.“* Aus diesem Grund habe er den Gottesdienst in Stahnsdorf abgehalten, aber die Kirche dort wäre doch nur 500 Schritt von Machnow entfernt. Die Tür sei nun, wie er sich selbst überzeugt habe, zur Sakristei hin zugemauert, und damit stände eine anderweitige Bestimmung dieses Raums nun als Begräbnisort nichts mehr im Wege. Er bestätigte auch die Meinung des Gutsherren, dass die Sakristei für das kirchliche Bedürfnis keinen Nutzen mehr habe und er, der Pfarrer, die Sakristei überhaupt niemals gebraucht hätte, denn sie sei ein Anbau an die Kirche. In seinen letzten Äußerungen versprach Dreising, dass er für die Öffnung der Kirche sorgen würde, sie zu lüften, wie es der Gutsherr von Hake empfohlen hatte, damit der Gottesdienst wieder abgehalten werden könne.

Am Ende seines Berichtes vermerkt Leopold (von) Albrecht: „*Weiter gab es nichts zu verhandeln*" und alle Beteiligten besiegelten ihn mit ihrer Unterschrift.

Aus dem zweiten als auch letzten Schreiben des Landrates, datiert mit dem 30. August 1831, geht hervor, dass man den Argumenten des Erbherren und Kirchenpatrons ohne weitere Verhandlungen folgen könne. Auch sei das Gut in Klein Machnow wie ein Vorwerk zu betrachten, auf dem sich keine Bauern, sondern nur der Besitzer, Tagelöhner und die Gutsherrschaft befinden. Somit gäbe es dort auch keine eigentliche Kirchengemeinde.

Ergo sei dem nachträglich eingeholten Gesuch des von Hake, die ehemalige Sakristei der Kirche von Klein Machnow in eine Begräbnisstätte umzuwandeln, stattzugeben. Wie sich heute zeigt, ist es dabei auch geblieben. Es finden sich weiter keine diesbezüglichen Schreiben in der Akte mit der Bezeichnung: „Einrichtung von Begräbnisstätten und Anlegung neuer Kirchhöfe".

– Es gilt noch zu bemerken, dass Leopold (von) Albrecht der Gutsbesitzer von Gütergotz (dem heutigen Güterfelde) war, dem Ort in direkter Nachbarschaft zu Machnow. Er hatte das Gut und Schloss im Jahr 1830 ersteigert. Daraus kann man mit Gewissheit annehmen, dass sich beide Verhandlungspartner gut kannten und was ihren Besitz angeht, sie auch gleiche Interessen vertraten. Dieser Umstand könnte möglicherweise auch die Entscheidung des Landrates mit beeinflusst haben.

Soweit die Geschichte um die Beisetzung der Antoinette Amalie. Vier Jahre später, am 20. April 1835, verstarb auch ihr Gemahl

Johann Philipp Wilhelm von Hake 75-jährig in Berlin. Man muss noch wissen, dass er wenig Glück in seinen Geschäften hatte und seinen Erben ein hoch verschuldetes und zwangsverpachtetes Rittergut hinterließ. Seine letzte Ruhe fand er an der Seite seiner zweiten Frau, denn in dem zweiten Gesamtkirchenbuch von Machnow, Stahnsdorf und Sputendorf steht folgender Eintrag: „*... [Er] wurde am 23. April standesmäßig begraben und in der zur Gruft in Stand gesetzten Sakristei beigesetzt*". Ein Beleg dafür, dass man das Erbbegräbnis nun offiziell erweitert hatte, nachdem die zusätzlich erforderlichen Baumaßnahmen vollzogen waren.

Wie es in den folgenden Jahrzehnten weiter ging mit dem Hake'schem Erbbegräbnís an der Kleinmachnower Kirche, das ist bisher weitgehend ins Dunkel der Geschichte gehüllt. Die Kirchenbücher belegen bis zum Jahr 1875, dass die Nachfahren des Johann Philipp Wilhelm von Hake (acht Personen) alle mit dem Vermerk *„beigesetzt im Erbbegräbnis"* dort ihre letzte Ruhe fanden. Spätere Eintragungen lauten dann nur noch: *„auf dem Kirchhof in Kleinmachnow begraben"*.

Heute zeigt sich dem Besucher der Kirche, dass im Erbbegräbnis-Anbau in der ehemaligen Sakristei insgesamt zehn Steinsarkophage aufgestellt sind. Neben dem Hauptheldеn unserer Geschichte und seiner zweiten Frau befinden sich dort die Grabmale seines Vaters Erdmann Friedrich von Hake (1716-1774) und seiner Mutter Katharina geborene von Engel (1730-1800); seine Söhne Hermann Albrecht, Eduard, Emil und Albert, zwei Schwiegertöchter sowie die Mutter der Antoinette Amalie, die Johanna Antoinette von Malachowsky. Zu welchem Zeitpunkt die Sarkophage (mit Inschrift und Wappen im Deckel verziert) von der Familie Hake in Auftrag gegeben wurden und welche Umbettungen dazu stattgefunden haben, das lässt sich, wenn davon überhaupt etwas festgehalten wurde, nur noch in ihrem Hausarchiv aufspüren. Die alte und eigentliche Gruft, belegt in der Zeit von 1704 bis 1825, ist inzwischen auch beräumt. Nach den Aufzeichnungen der Kirchenbücher standen dort einst bis zu zehn Särge, die leider Ende des zweiten Weltkrieges stark beschädigt und zerstört wurden. Bei der Sanierung der Kleinmachnower Kirche in dem Jahr 2005 wurden alle Gebeine gemeinsam in eine angrenzende nördlich gelegene Kammer der Gruft bestattet, die Trennwand anschließend zugemauert. Die Sargreste entfernte man aus dieser heiligen Stätte, und mit dem Verschwinden des verrotteten hölzernen Zuganges zur Gruft bleibt sie heute nur noch in ihren räumlichen Abmessungen und dem geheimnisvollen Geruch längst vergangener Zeit von über 300 Jahren der Nachwelt erhalten.

Ausgehend von den geschilderten Ereignissen und den aus der Quelle gewonnenen Erkenntnissen bietet sich nun die Chance, in einer kleinen Nachbetrachtung die Baugeschichte der Kleinmachnower Kirche zu erweitern. Dabei tauchen jedoch, wie zu sehen sein wird, wieder neue Fragen auf, die es in der Zukunft weiter zu erforschen gilt.

Im Jahr 1703 ließ Ernst Ludwig von Hake, Generalleutnant und Kommandant der königlichen Residenz in Berlin ein Erbbegräbnis, wie oben bereits erwähnt, an die Kleinmachnower Kirche anbauen. Eine fotografische Aufnahme des Anbaues zeigt Bild 1. Den bisher einzigen Beleg dieser Handlung liefert ein erhalten gebliebener

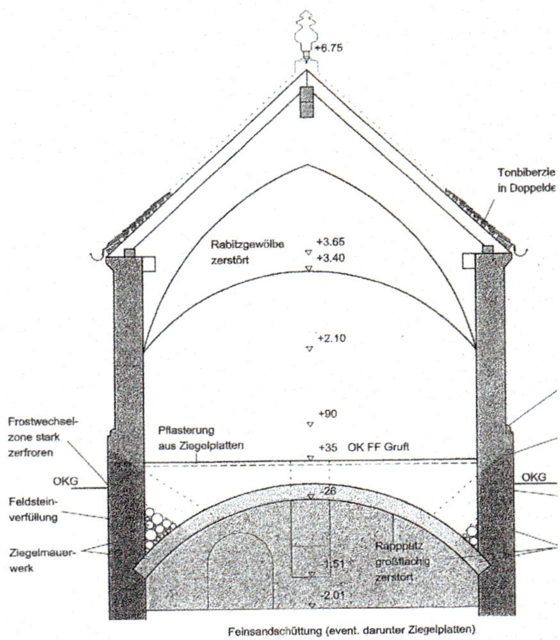

Bild 3: Schnitt des Anbaues in Süd-Nord Richtung

Gedenkstein. Auf ihm haben die Zeitzeugen das Jahr der Erbauung, den Bauherrn sowie weitere bauliche Maßnahmen in und um die Kirchen (Klein-)Machnow, Stahnsdorf und Heinersdorf eingravieren lassen. Es wird auf der Steintafel auch von einer Renovierung des Erbbegräbnisses im Jahr 1713 berichtet, da aber keine Details genannt sind, bleibt im Ungewissen, was damit am Bau verändert wurde.

Bild 3 stellt einen Schnitt durch diesen Anbau an der Kirche dar. [2] Im unteren Teil des Bauwerkes kann der Betrachter die eigentliche überwölbte Gruft deutlich erkennen. Ihre Abmessungen weisen bescheidene Dimensionen aus. Die Grundfläche misst etwa 20-25 Quadratmeter – die Länge des Anbaues von der Kirche beträgt ungefähr 5-6 Meter. Der große Gewölbebogen und die geringe Scheitelhöhe der Gewölbetonne von etwa 1,75 Metern schränken die Nutzfläche der Gruft zusätzlich ein. So lässt sich absehen, dass dieser Raum nicht mehr Platz als für etwa 10 Särge bot. Der Zugang zur Gruft erfolgte vom Kirchenschiff aus, nahe der Stelle, wo sich heute der noch sichtbare vermauerte Zugang zur Sakristei befindet. Diese rechteckige Öffnung hat man mit dicken Bohlen überdeckt. Nach Aussage von Mitarbeitern der Gemeinde, die beim Ausräumen der Gruft mithalfen, gelangte man über eine hölzerne Treppe in den unteren Teil des Erbbegräbnisses. Die Stufen und Wangen sollen aber bereits so marode gewesen sein, dass sie nach der Räumaktion gleich mit entfernt werden mussten.

Wie auf dem Bild 3 weiter deutlich zu sehen ist, befindet sich über dem Gewölbebogen der Gruft der Raum der ehemaligen Sakristei. Ihr Zugang vom Kirchenschiff her wurde oben schon ausführlich beschrieben. Eine Besonderheit führt jedoch zu einer Fragestellung, die zum jetzigen Zeitpunkt noch nicht schlüssig beantwortet werden kann. Der nach unten führende Eingang in die Gruft liegt genau an der gleichen Stelle, wo der Zugang (heute vermauert) in die Sakristei führte. Überdies befindet sich am Fuß der zugemauerten Wandöffnung, heute noch gut zu erkennen, eine bogenförmige Schwelle. Beide Wege kreuzen sich an einer Stelle, einer führt nach unten und einer geradeaus. Das kann, realistisch gesehen, nicht stimmen und bleibt ein Rätsel. Im gleichen Zusammenhang stellt sich eine weitere Frage:

Besaß die ehemalige Sakristei ihren äußeren Zugang, wie heute an der westlichen Wand des Anbaues zu sehen ist, schon von Anfang an? Oder ist er nachträglich und architektonisch sauber eingebracht worden? Zu einem Zeitpunkt, als keine Beisetzungen im oberen Teil des Erbbegräbnisses mehr stattfanden? Spuren für einen späteren Einbau lassen sich nicht erkennen. Wenn dieser äußere Zugang ursprünglich im Anbau vorhanden war, so darf man jedoch mit Gewissheit annehmen, dass er mit einer stabilen Tür verschlossen war, anstelle der heute dort eingebauten und verschlossen gehaltenen schmiedeisernen Pforte.

Das Alter, des in Bild 3 eingezeichneten und nur noch in Resten vorhandenen Rabitzgewölbes über der Sakristei, lässt sich gegenwärtig nicht mehr eindeutig bestimmen. Die Anordnung der Fenster in der ehemaligen Sakristei stammt mit hoher Wahrscheinlichkeit aus der Zeit der Entstehung des Anbaues. Leider sind diese insgesamt vier Öffnungen vor einigen Jahrzehnten nicht denkmalgerecht zugemauert worden.

Eine letzte bau- und kunsthistorische Bemerkung sei am Schluss dieser kleinen Nachbetrachtung noch gestattet. Der Gedenkstein, der überliefert, dass dieses Erbbegräbnis unter Ernst Ludwig von Hake geschaffen wurde, befindet sich heute in dem verschlossenen ebenerdigen Teil des Erbbegräbnisses (ehemalige Sakristei), da wo sich die aufgestellten Schausärge befinden. Sie hängt über dem Eingang, aber auf der Innenseite und ist somit dem Publikum nicht zugänglich. Ihr angestammter Platz war ursprünglich im Kirchenschiff über dem später zugemauerten Durchgang zur Sakristei. Grund genug, diese historisch wichtige und aus Sicht der Denkmalpflege wertvolle und erhalten gebliebene Steintafel dort wieder anzubringen, um sie den Mitgliedern der Gemeinde wie auch den Kirchenbesuchern sichtbar zu machen.

Der Autor bedankt sich bei den evangelischen Kirchengemeinden von Kleinmachnow und Stahnsdorf, insbesondere bei Herrn Jürgen Flechtner und Herrn Peter Schönfeld für die wertvolle Unterstützung.

1 Erst im Jahr 1840 erhob die königliche Regierung den Landrat Albrecht in den Adelsstand.

2 Die freundliche Bereitstellung der Darstellung der baulichen Bestandserfassung erfolgte durch Herrn Jürgen Flechtner, Kleinmachnow, Mitglied im GKR und Vorsitzender im Bauausschuss.

Dr. Josef Drabek:

Die Evangelische Auferstehungs-Kirchengemeinde Kleinmachnow und ihr Gotteshaus

Nach über 350 Jahren bekam die alte Kleinmachnower Dorfkirche eine jüngere Schwester, deren Geschichte in den 1920er Jahren begann. Die gerade gebildete Landgemeinde erlebte einen Siedlungsboom und verzeichnete einen schnellen Anstieg der Einwohnerzahl. Um den Zuzüglern eine eigene Anlaufstelle und Versammlungsstätte im Siedlungsbereich zu schaffen, entstand 1930 am Jägerstieg das Evangelische Gemeindehaus.

Der zweigeschossige Backsteinbau wurde vom Architekten und späteren Kirchenbaurat Winfried Wendland entworfen. Das villenartige Gebäude besticht durch klare Formen und eine durchgehende, bis in den Dachbereich ragende risalitartige Treppenflurverglasung. Das geräumig gehaltene Haus ermöglichte neben Büro, Wohnung und Unterrichtsraum die Einrichtung eines breiten Saals im hinteren Teil. In dem mit separatem Eingang und Bühne versehenen Raum fanden Versammlungen und ab 1933 regelmäßig Gottesdienste statt, zuerst vierzehntägig im Wechsel mit der Dorfkirche und dann jeden Sonntag, wofür das zuständige Pfarramt Stahnsdorf einen Hilfsprediger stellte.

Ev. Gemeindehaus im Jägerstieg. Foto: Drabek

Bald reichte der Saal nicht aus, so dass der Wunsch nach einem Kirchenneubau wuchs. Dazu wog man Standorte ab, ließ Vorschläge erarbeiten und drei günstig angebotene Bronzeglocken kaufen. Leider brachte der bevorstehende Krieg das Vorhaben zum Erliegen und stoppte selbst die Erweiterung des Gemeindehauses für Pfarrwohnung und Schwesternstation, obwohl Genehmigungen vor- und Mauersteine bereitlagen. Die Mauersteine und die Glocken wurden beschlagnahmt und abtransportiert.

Nach Kriegsende nahm man „im Hinblick auf die gegenwärtige Notlage, die Finanzierung und Materialbeschaffung“ Abstand vom Bau einer „freistehenden Notkirche“. Stattdessen wählte man eine bescheidenere Lösung und begann 1947 mit Arbeiten zur „Erweiterung des Gemeindehauses“. An seiner Rückfront entstand gemäß dem Entwurf des Architekten Blume ein flacher Backsteinanbau mit Satteldach und segmentbogigem hölzernen Gurtgewölbe, das inzwischen abgestützt werden musste. Trotz fehlender Bänke und Dielung, die später durch Estrich ersetzt wurde, gab es hier am 4. Advent 1948 im Beisein von Bischof Karo den ersten Gottesdienst der selbstständigen evangelischen Gemeinde Kleinmachnow.

Erweiterungs-Anbau mit Glockenturm. Foto: Drabek

In den 50er Jahren fand die Ausgestaltung des „Kirchsaals“ ihren vorläufigen Abschluss. Das Rosettenfenster in der Altarnische wurde zugemauert und durch ein großes schlichtes Holzkreuz ersetzt. Altar, Kanzel und Taufe erhielten eine einheitliche Gestaltung aus Jura-Marmor und die heutige Platzierung. An der Wand über der Taufe, wo vordem der Zutritt zur Kanzel war, wurden zwei holzgeschnitzte „Kirchenväter“ angebracht, die der Kleinmachnower Künstler Hermann Lohrisch schuf, der auch den „Kruzifixus“ im Vorraum und die Holzplastik „Heimkehr“ in der Dorfkirche gestaltete. Ergänzt wurde die Ausstattung durch eine Schuke-Orgel an der vorderen rechten Ecke, wo inzwischen eine

Nachfolgerin der Firma Ahlborn steht, mittlerweile „bewacht“ von einer Heiligenskulptur, die ebenso ein Geschenk ist wie der Messingleuchter vor dem Altar.

Trotz fehlender Bewilligung konnte in jener Zeit auch der Glockenturm an der hinteren rechten Seite fertiggestellt werden. In dem runden, mit Blechhaube bedeckten und von einem Kreuz gekrönten burgähnlichen Bauwerk fanden die drei hand- und jetzt elektrisch geläuteten Glocken ihren Platz, die der Einschmelzung entgangen waren. Aus schmalen, hohen Schallfenstern drang ihr Geläut zu Ostern 1955 über den Siedlungsbereich, als Bischof Dibelius die neue Gottesdienststätte einweihte, die ob jenes Datums den Namen „Auferstehungskirche“ erhielt. Seit dieser Zeit führt die Kirchengemeinde ihre gleichlautende Bezeichnung: Evangelische Auferstehungs-Kirchengemeinde Kleinmachnow. Die Benennung von Gemeinde und Gebäude wurde in den 80er Jahren das Thema für den ortsansässigen Künstler Herbert Sander zur Anfertigung eines Betonglasfensters an der linken Seite. In dem rätselhaft gehaltenen farbigen Glasmosaik erkennt der Betrachter ein gedrungenes Kreuz, umgeben von einem regenbogenartigen Reigen, der die Fantasie anregt und beflügelt. Das tut auch der als Kreuz angelegte Segensgarten am Gemeindehaus, der zu Gebet und Besinnung einladen soll.

Obwohl der „alte Saal“ durch herausnehmbare Fenster einbezogen werden kann, reicht die Kapazität durch die seit 1990 verdreifachte Zahl der Gläubigen ebenso wenig aus, wie die der Dorfkirche, deren winterliche Nutzung überdies eingeschränkt ist. Nötig wäre ein Raum für etwa 600 Menschen, der als „Kirchliches Zentrum Kleinmachnow“ (KiZ) mit Veranstaltungssaal und Gemeindehaus auf dem alten Gutshofgelände entstehen soll – eine Entscheidung, der die Volksvertreter inzwischen zustimmten. Wenn das Projekt wie geplant verwirklicht wird, wäre das eine erhebendere Auferstehung als die der Auferstehungskirche, deren Zukunft als Museum oder Kultur-/Vereinstreffpunkt offen ist.

HOLGER SCHENK:

Luftangriffe auf Kleinmachnow während des 2. Weltkrieges

Ende des Jahres 1942 war eine entscheidende Wende im 2. Weltkrieg eingetreten. Der Vormarsch der deutschen Truppen an allen Fronten konnte gestoppt werden. Zunehmend verlor Deutschland die Vorherrschaft im Luftraum. Immer öfter gelang es u. a. Britischen Bombenflugzeugen, deutsche Städte zu bombardieren.

Ab Januar 1943 war die Reichshauptstadt Berlin immer wieder Ziel von britischen, später auch amerikanischen Flugzeugen. Von diesen Angriffen blieben natürlich auch die Randgebiete von Berlin nicht verschont. Kleinmachnow, eine dieser Randgemeinden, wurde mehrmals in Mitleidenschaft gezogen. Dieser Ort bekam zwischen März 1943 und März 1945 die Auswirkungen von insgesamt 15 Luftangriffen der Alliierten auf Berlin zu spüren.

Mit preußischer Genauigkeit registrierte das Bauamt der damaligen Gemeindeverwaltung Kleinmachnow jeden Luftangriff, analysierte die Zielgebiete und vermerkte die entstandenen Schäden an den Gebäuden. In Gemeindelageplänen wurden die Zielgebiete eingezeichnet. Die Zerstörungen an den Gebäuden listete man exakt auf. Anschließend erfolgte eine Bewertung der Schäden nach den Gesichtspunkten „Totalschaden“, „Mittlerer Schaden“ und „Leichter Schaden“. Es entstand so eine Dokumentation, die der Nachwelt einen genauen Überblick über die Auswirkungen des Luftkrieges im 2. Weltkrieg auf Kleinmachnow verschafft. Diese für die Geschichtsforschung bedeutungsvolle Dokumentensammlung wird heute im Kreisarchiv beim Landratsamt Potsdam-Mittelmark aufbewahrt.

Welche konkreten Ereignisse wurden nun vom Bauamt der Gemeindeverwaltung Kleinmachnow registriert? Zunächst können wir der Dokumentensammlung entnehmen, dass Kleinmachnow erstmals in der Nacht vom 1. und 2. März 1943 von britischen Flugzeugen bombardiert wurde. Die Schäden nach diesem ersten

Angriff waren jedoch relativ gering, denn nur ein Haus nahe der Bardewitzbrücke wurde zerstört. Während des zweiten Luftangriffes auf Kleinmachnow am 27. März 1943 war diese Brücke erneut Ziel der britischen Bomber, diesmal waren die Schäden schon größer. Sechs Häuser in der Straße Im Tal erlitten Totalschäden. Während des dritten Luftangriffes in der Nacht zum 1. September 1943 durch britische Flugzeuge war das Gebiet zwischen Teltowkanal, Asbest-Fabrik, Zehlendorfer Damm und Dietloffstraße Zielscheibe. 14 Gebäude wurden zerstört. An weiteren 250 Grundstücken entstanden erhebliche Schäden. Dies war praktisch der erste Großangriff der Alliierten auf Kleinmachnow. Das Bauamt von Kleinmachnow listete sofort alle Schäden auf und begann mit der Planung zu den Aufräumungs- und Reparaturarbeiten. Es wurden Baumaterialien beschafft und Handwerksgruppen zusammengestellt, um schnell die Schäden zu beseitigen. Vorrangiges Ziel dieser Aktivitäten der Gemeindeverwaltung war, die „Moral“ und den „Siegeswillen“ der Einwohner des Ortes zu erhalten. Es gelang der Gemeindeverwaltung auch relativ schnell, die Ordnung wieder herzustellen. Aber mit der Zunahme der Angriffe auf Kleinmachnow wurde dies immer problematischer, später sogar unmöglich.

Als in der Nacht zum 2. Januar 1944 386 britische Flugzeuge erneut die Reichshauptstadt Berlin angriffen, wurde wiederum Kleinmachnow in Mitleidenschaft gezogen. Zwei Gebiete innerhalb der Ortschaft waren diesmal Angriffsziele, und zwar einmal die Gegend zwischen der Schleuse und der Straße Hohe Kiefer und dann die Gegend zwischen Hakenheide, Friedhof, An der Stammbahn und Im Dickicht. Anschließend registrierte man 16 Wohnhäuser mit Totalschäden. Weitere 165 Grundstücke erlitten „Mittlere Schäden“ und „Leichtere Schäden, sie konnten also noch instandgesetzt werden.

Am 27. Januar und am 15. Februar 1944 war wiederum das Gebiet um den Zehlendorfer Damm Ziel britischer Bombenflugzeuge. Den schwersten Luftangriff erlebten die Einwohner von Kleinmachnow am 9. März 1944. In den Mittagsstunden griffen 330 amerikanische Bombenflugzeuge die Hauptstadt Berlin an. Dabei flogen auch einige Verbände über Kleinmachnow. Einer dieser Verbände bombardierte den Bahnhof Dreilinden. Ein weiterer Verband konzentrierte sich auf das Gebiet zwischen Zehlendorfer Damm und An der Stammbahn. Nach diesem Angriff waren 66 Wohnhäuser nicht mehr bewohnbar. Zu einem weiteren schweren Luftangriff kam es am 24. Mai 1944, nachdem Kleinmachnow am 24. März und am 29. April kleinere Angriffe erlebt hatte. An jenem 24. Mai 1944 waren es wieder amerikanische Bomber, die ihre todbringende Last auf Berlin fallen ließen. Beim Anflug auf Berlin streiften einige Verbände wiederum die Ortschaft Kleinmachnow und zerstörten 60 Gebäude zwischen dem Teltowkanal und der Hakenheide völlig.

Bis zum Kriegsende folgten noch Luftangriffe am 15. August 1944, am 10. September 1944, am 14. Januar 1945, am 29. Januar 1945 und am 5. März 1945. Am 6. August 1944 stürzte sogar ein Bombenflugzeug über Kleinmachnow ab. Es beschädigte acht Grundstücke entlang der Straße Auf der Reutte.

Insgesamt wurden im Verlaufe des 2. Weltkrieges durch Luftangriffe etwas mehr als 160 Gebäude in Kleinmachnow total zerstört. Wie bereits erwähnt, registrierte das Bauamt bei der Gemeindeverwaltung von Kleinmachnow alle materiellen Schäden mit äußerster Genauigkeit. Das menschliche Leid jedoch, welches der 2. Weltkrieg auch bei der Einwohnerschaft von Kleinmachnow verursachte, wurde von den Behörden mit keiner Silbe vermerkt.

Quellennachweis:

Genutzt wurden Unterlagen aus dem Kreisarchiv beim Landratsamt Potsdam-Mittelmark, Bestand „Gemeindeverwaltung Kleinmachnow bis 1945“

Manfred Pieske:

Der Makel der Zicke vom Zickenplatz

Das Wetter kann der Zicke am Teltower Zickenplatz nichts anhaben. Ob Sonne oder Regen, auch wenn Schnee, Frost oder Eis die Altstadt unsicher machen, die Zicke steht voll unerschütterlichem Gleichmut da, das will schon was heißen. Da schaut unsereins doch gern hin, und andere Leute ja auch. So ist das seit Jahren, die Zicke gefällt. Manch einer, der hier vorbei muss, kann gar nicht anders, geht in die Knie, streicht ihr über die Stirn, die Ohren, die Hörner, den bronzenen Leib. Leicht vorgeneigt, auch etwas schief, wie lauschend, blickt sie hinüber zum Kriegerdenkmal, einem Monument von beträchtlicher Imposanz und Bewandtnis. Entworfen vom Teltower Bildhauer August Mattausch, steht das trutzige Denkmal über 100 Jahre bereits an dem Fleck, bietet Anhörenswertes, Geschichtsträchtiges. Seit 1913 anlässlich der Hundertjahrfeier der Völkerschlacht bei Leipzig hat es hier seinen Platz. Steinfindlinge aus der Mark Brandenburg und dem Harz sind aufge-

Zickenplatz Teltow. Zeichnung: Hans-Jürgen Brauer

türmt, und darüber – auf dem höchsten, größten Findling – ein griechischer Helm. Und unterhalb des Eisernen Kreuzes – 1813, zu Beginn des Krieges gegen Napoleon von König Friedrich Wilhelm III. für alle Dienstgrade gestiftet – befindet sich eine Bronzetafel. Verzeichnet sind die Namen der gefallenen Teltower Bürger aus den Befreiungskriegen 1813 bis 1815, dem deutsch-dänischen Krieg 1864, dem deutsch-österreichischen Krieg 1866, dem deutsch-französischen Krieg 1870/71. Die Inschrift, das blutige Geschichtsbuch eines Jahrhunderts, gibt bekannt: „Den Gefallenen zum Gedächtnis, den Lebenden zur Erinnerung, den kommenden Geschlechtern zur Nacheiferung." Ein Spruch von Wilhelm I. 1873 anlässlich der Einweihung der Siegessäule in Berlin. Unübersehbar ein runder Schild mit Medusenhaupt, der auf den Findlingen liegt. Schwert und Lanze existieren nicht mehr. Der Helm – das Attribut der Göttin Athene, die als Tochter des Göttervaters Zeus für einen geordneten Kampf zur Verteidigung der Heimat steht. Über 100 Jahre ist das nun her, wohlgemerkt! Die Zicke hat es hier derweil erst auf vier Jahre gebracht. Aber was will das viel besagen, die Tage, Wochen, Monate, Jahre fluten weiter ins Land, irgendwann wird diese Zicke auch 100 (wenn sie nicht jemand wegräumt). Und irgendwann wird einer der Erste sein, der (heute vielleicht noch gar nicht geboren) dort fragt: „Wo kommt die Zicke überhaupt her? Wer hat die Zicke, Dunnerlüttchen, hier hingestellt?" Vielleicht sitzt derjenige, der in 100 Jahren so unbescholten nachfragt, sogar auf der Bank, die es in Zickennähe gibt. Aber von nirgendwoher wird er eine Antwort erhalten, das ist halbswegs wohl klar. Weil keiner mehr da sein wird, der Bescheid weiß. Also: Wie kommt die Zicke herhier? An den Zickenplatz, an die windige Ecke zwischen Breite und Berliner Straße? Die Frage können viele Leute schon heute nicht beantworten, und so wollen wir (rechtzeitig) notieren: In Teltow existiert ein Mann, der die Füße nicht still halten kann (noch nie konnte), sich seit den 1990er Jahren immer wieder ideenreich hervorgetan hat, heißt Wolfgang Dahms, ist unentwegt in der Teltower Altstadt unterwegs gewesen und hat für manch eine Erleuchtung gesorgt! Denn fehlen ringsrum nicht ein paar Hingucker? Vorstellbar wäre die eine und andere Figur, die im Schritt innehalten lässt. Das posaunt dieser Dahms überall heraus, wo immer er gerade steht oder geht.

„Hier“, sagt er, „hier haben einmal, vor den Toren der Altstadt, die Ziegen geweidet, schon im 18. Jahrhundert, jawohl, schon damals war die Rede vom Zickenplatz.“ Das sei verbürgt. Da habe es gewiss auch beaufsichtigende Hütejungen gegeben. „Und was ist jetzt? Nichts ist jetzt, wir haben einen Zickenplatz ohne Zicken!“ So lamentiert er, möchte das ändern. Wie gern würde Dahms ein paar Zicken hier anpflocken; zu Altstadtfesten hat Horst Lübeck, der Gründer des Streichelzoos, das kurzzeitig vorgemacht. Aber abends, da ist es stets zurückgegangen, zum Quartier in der Feldstraße, was sonst. Wieder zickenlose Zustände am Zickenplatz. „Traurig hoch drei“, so der Befund des Wolfgang Dahms. Davon ist seinerseits oft die Rede, und das hilft irgendwann. Eines Tages teilt ihm eine aus Schönefeld angereiste Frau mit, dort, wo sie herkomme, gibt es einen Händler, der mit allerlei handelt, auch mit Skulpturen. Unter anderem steht dort ein Zickenbock, der noch zu haben wäre.

Das ist doch was, eine Spur, die nicht verachtet wird, sogleich macht sich Zickenfreund Dahms auf den Weg. Und das Tier darf besichtigt werden. Die Zicke steht so herrlich ungelenk da, so unbescholten, vorn etwas fragil und hinten herum rustikal. Und dann: welch ein imposantes Geweih. Einst aus Holland kommend, besteht die Skulptur aus Bronzeblech: zwei Hälften, die zusammengeschweißt worden sind. Dahms feilscht preisdrückerisch. Aber unter 1000 Euro ist nichts zu machen, ein Sümmchen, das erst einmal aufgebracht sein will. Hurtig rennt er durch die Stadt Teltow wegen des Geldes, klopft da und dort an, bettelt herum. So was dauert. Die Auskunft jedesmal: „Ja, wenn wir einen Goldesel im Stall hätten.“ Das sind so Sprüche. Dahms kanns kaum noch hören. Aber aufgeben? Bei der Suche nach einem edlen Spender unterstützt ihn Bürgermeister Schmidt. Irgendwann dann der Durchbruch: das Stadtplanungsbüro „complan“ ist so nett, jawohl, einen Tausender kann man gerade noch entbehren, Teltow soll, potztausend, endlich eine Zicke auf dem Zickenplatz haben. Nun geht alles fix: im Dezember 2009, an einem Tag mit Eisglätte und Schneetreiben, holt Dahms die Zicke aus Schönefeld ab. Und endlich!, am folgenden 11. April, die Einweihung. Wolfgang Dahms, seit Jahren in der Stadt unterwegs als Hauptmann von Köpenick, hat sich in Schale geworfen, stellt stramm seine Zicke der Öffentlichkeit vor, ermuntert die werte Bürgerschaft, diesen Ort fortan als „Meckerecke“ zu nutzen. Bis zum Rathaus sei es vom Zickenplatz schließlich nicht weit (ja, so undankbar spricht er in Anwesenheit des Bürgermeisters). Und am Ende gibt es von ihm sogar noch einen Tipp: Wer über das rechte Horn der Ziege streicht, dem bringt dies Glück! Er macht das vor. Und dann schon seine Wunschliste: Wie gern hätte er hier noch ein paar Zicklein. Auch einen Hütejungen. Mit dem Teltower Bildhauer Wolfgang Eberhard hat er sich schon besprochen; ein 14jähriger ist bereits gefunden, der als Modell in Frage käme. Das alles ist bedacht und schon da. Bloß kein Geld. Hinzukommen sollen ein Findling und, ruhend auf zwei Zickenhörnern, eine Info-Tafel zum Platz, inklusive Sponsoren. Auch ist eine Bronzegießerei für die Zicklein und den Hütejungen längst gefunden. Aufzubringen wären runde 18.000 Euro, um das Ensemble zu komplettieren. Dahms wieder auf Betteltour. Doch da gibt es (ach, du liebes bisschen!) einen Makel, überall zugenähte Taschen. Die Zicke vom Zickenplatz bleibt allein. Vorerst. Leider. Dahms wird sich mit einer Bettelbüchse auf den Zickenplatz stellen müssen, nachdem er glückbringend übers linke Horn der Zicke gestrichen hat (Aberglaube hilft dann und wann). Voll grimmigem Charme schaut der Hauptmann in die Altstadt hinein. „Das wird schon was, eines Tages, im Jahre Irgendwann. So kommt das Kleine oft genug zum Großen. Man muss dies nur richtig wollen.“ Er redet sich gut zu. „Das wird schon“.

Manfred Pieske:
Die Amtskette

Das ist schon was zum Verwundern. Am Abend des 12. Juni 2012, so gegen halbsechs, geschieht in der Teltower Altstadt etwas nicht Alltägliches. Dort, wo sich tagsüber oft genug kaum ein Bein bewegt, gelegentlich nur Autos übers Pflaster rumpeln, finden sich Leute ein, kommen leichten Schritts daher, verharren, schauen sich um, grüßen einander. Eilig hat es da niemand, denn ein laues durchsonntes Lüftchen weht, und so fühlt sich manch einer eingeladen zu einem schnellen frischen Bier, nimmt auf einem Korbstuhl vor dem Restaurant „Böfflamott" Platz und lässt sich bedienen, bevor es höchste Zeit wird, das Rathaus zu betreten. Dort stadtbekannte Gesichter. Man kennt sich. Sogar Abgesandte von auswärts sind zur Stelle, aus Kleinmachnow und Stahnsdorf. Auch aus der Kreisstadt Belzig ist jemand angereist, der Landrat Wolfgang Blasig höchstpersönlich, und er grüßt in die Runde, ruft: „Ich weiß nicht, dies Teltow wird immer schöner!"

Das sind Sprüche, die die anwesenden Stadtpolitiker, Stadtverwalter, Heimatfreunde und Vereinsenthusiasten gern hören, und es gibt freundlichen Beifall. In Bühnennähe steht unterdessen Hermann Lamprecht, Teltows Alter Fritz, diesmal in Zivil, und beobachtet voll Sinn für szenische Genauigkeit, was in dem Rathaus-Saal vorgeht. Da und dort letzte Handgriffe. Das Mikro wird vorsichtshalber noch einmal geeicht. Die Herren vom Fernsehen suchen (noch immer) nach besten Sichtachsen. Das Rathaus-Personal ordnet dies und jenes, bevor das Bühnenlicht herunter gedimmt wird.

Ans Pult der Bühne tritt Hermann Lamprecht und kündigt „ein Ereignis von Format" an, das über das Heutige hinaus Gewicht haben werde „mit Tendenz zum Ewigen". Schon deshalb sind auch Musiker vor Ort, bieten Klassik auf, etwas Einstimmendes, Heiteres und zugleich zu Herzen Gehendes. Manch einer bekommt feuchte Augen. Bürgermeister Thomas Schmidt gesteht dies freimütig hinterm Mikro. Seit zwölf Jahren Bürgermeister, gerate er nun in den Verdacht, aufgeregt zu sein, verrät er dem Publikum. Schließlich warte auf ihn ein großer Moment!

Inszenator Lamprecht bestätigt den Tatbestand. „Jawohl, lieber Herr Bürgermeister, heute findet etwas statt, das nicht alle Tage auf der Tagesordnung einer Kleinstadt steht“, befindet er. Ein mehrmaliges, sehr entschiedenes, kommahaftes Nicken. Hermann Lamprecht, der Initiator und Motor des „Projektes „Bürgermeister-Amtskette“ berichtet über die geleistete Arbeit der Arbeitsgruppe. Ihr gehörten sechs Personen an: vom Teltower Heimatverein Günter Duwe, Erika Kleinschmidt, Hermann Lamprecht und Frank-Jürgen Seider, desgleichen der Stadtarchivar Walter Tzschach sowie Manfred Pieske, ehemals Teltower-Stadt-Blatt.

Über zwei Jahre hin habe es Stillschweigen über diese Treffen in seiner Wohnung gegeben, aus Furcht vor frühzeitigem Zerreden durch Parteileute, gesteht Lamprecht. Gesucht worden sei nach einem Konzept, „das man nun einmal nicht aus der Tasche schütteln kann“.

Wer an dem Festakt-Abend leider fehle: die Ideengeberin Rosemarie Schröder. Anlässlich einer Busfahrt nach Naumburg habe sie vor einem Glas Rotwein sitzend, Teltower Allerlei zum Besten gegeben. Was man alles tun könnte, um Teltow mehr Glanz und mehr Würde zu verleihen. Es sollte möglichst nichts Alltägliches sein. Sie habe an etwas Bleibendes gedacht. Ihre Frage an dem Abend in Naumburg deshalb: Wie es denn wäre, beispielsweise, mit einer Bürgermeister-Amtskette? Andernorts stünden vergleichbare Amtspersonen keineswegs oben ohne da, wenn sie sich in der Öffentlichkeit voll Achtung gebietender Strahlkraft ins Zeug zu werfen hätten.

Welch eine Idee. Hermann Lamprecht schrieb Bürgermeister Schmidt umgehend einen Brief. Und Thomas Schmidt? Übte zunächst einmal Zurückhaltung, riet zu Sorgfalt. Schließlich ginge es nicht um eine Karnevalskette. Er wollte keinen Personenkult-Verdacht aufkommen lassen. Doch Lamprecht wischte derlei Bedenken fort, erwiderte bündig: „Ach was, wir stiften die Kette, wir Bürger!" Und nebenher, nicht sehr zufällig, wird erwähnt, was die Amtskette gekostet hat, nämlich (immerehin): 2.734 Euro!

Die Arbeitsgruppe kam über Monate zusammen, verbrachte manch einen Abend bei der streitbaren heimatkundlichen Suche nach Insignien, die Teltower Geschichte ausmachen. Es wurden historisch akzeptable Prioritäten bedacht, verworfen, neu sortiert am Lamprechtschen Wohnzimmer-Tisch. Denn die „kleine Schwierigkeit": Wie dem Teltower dreiviertel Jahrtausend gerecht werden auf fünf, sechs oder sieben Kettengliedern? Eine Qual der Wahl. Endlose sachkundige Debatten. Immer neues Abwägen. Zu bedenken waren schließlich auch die Ausmaße solch einer Kette. Überschlägig wurde die Körpergröße der künftigen Insignienträger bedacht, und Thomas Schmidt diente als Model. Denn wo durfte die Kette hängen, überm Bauchnabel? Oder, bitte sehr, eine Kleinigkeit höher?

Nachdem dies und das zufriedenstellend erkundet war, die Anzahl der Wapppen und Siegel stimmig ausgewählt waren, ging es „nun nur noch" um die Finanzierung. Auch in der Hinsicht hatte Lamprecht vorgesorgt. Über Jahre als Alter Fritz unterwegs, hatte er für das Projekt Amtskette Spendengelder eingesammelt. Das Geldsäckel füllte sich, die Kette kostet die Stadt Teltow, bis hin zu Stiftungsurkunde und Rahmen, keinen Cent. Zu erwähnen bleibt desgleichen, dass der Zehlendorfer Kalligraph Götz gratis die wunderschöne Urkunde angefertigt hat. Vordem fand ein Teltower, Pagels junior, über das Internet die Kunstprägeanstalt Hennerker in Pforzheim heraus, mit der Lamprecht dann über anderthalb Jahre korrespondierte, um der Kette ein repräsentatives „Gesicht" zu geben. Vergessen sei darüber nicht, die Teltower Familie Pagels sponserte die Gravuren auf der Rückseite der Kettenglieder.

All das kommt zur Sprache am 12. Juni 2012 im Rathaussaal. Und es folgen von Landrat Wolfgang Blasig Worte, die das bürgerschaftliche Engagement würdigen. Die Stadt sei im Aufbruch, habe noch Großes vor, werde zunehmend eine Blume des Landkreises.

„Aber!“ Launig teilte Blasig dem Bürgermeister Teltows mit: Das künftige Tragen der Amtskette zu feierlichen Anlässen schließe nicht baldige Oberbürgermeister-Würden ein.

Ja, das wars an dem ehrenwerten, unvergesslichen Abend, der mit viel Beifall endete.

Amtskette für Teltower Bürgermeister. Foto: Stadt Teltow.

6/7__Biographisches

Nicky Heise:

Ferdinand Lepcke (1866–1909) – Ein Berliner Bildhauer um 1900

Ferdinand Lepcke, am 23. März 1866 in Coburg geboren, soll in seinen Jugendjahren auf Gehhilfen angewiesen gewesen sein; und früh übte er sich im Zeichnen und Schnitzen. Denkbar, dass sich der junge Lepcke mit diesen künstlerischen Übungen eine Art Gegengewicht zu seiner eigenen, vorübergehend eingeschränkten Beweglichkeit schuf. Als Eleve der Kunst besuchte er von 1880 bis 1883 die Unterrichtsanstalt des Kunstgewerbemuseums Berlin, von 1881 bis 1883 absolvierte er eine Ausbildung in der Bildhauerwerkstatt der Gebrüder Bieber und von 1883 bis 1890 studierte er an den Königlichen Akademien der Bildenden Künste bei Albert Wolff (Zeichnen und Modellieren) und Fritz Schaper das Fach der Bildhauerei. Um 1888 unterbrach Lepcke seine Studien für dekorative Aufträge, um seinen Lebensunterhalt selbstständig bestreiten zu können. In den letzten zwei Jahren seines Studiums war er Meisterschüler im Atelier von Schaper und nahm an den Akademischen Ausstellungen in Berlin teil.

1889 verkaufte der junge Bildhauer ein sogenanntes „Bronzefigürchen", vermutlich die „Badende", und ein Jahr später stellte er die Ideal- bzw. Kleinplastik „Eva mit der Schlange" in Gips zur Schau. Der Bereich der Klein- und Salonbronze wurde zu Beginn der 1890er Jahre zu Lepckes Haupttätigkeitsfeld. Die Darstellung des idealen, vornehmlich weiblichen Körpers lag hierbei im Fokus seines Schaffens. Selbstbewusst setzte sich Ferdinand Lepcke nach seinem Studienabschluss mit Auszeichnung in Konkurrenz zu seinen Altersgenossen und bereits anerkannten Berliner Bildhauern. So bot die Firma Schäffer & Walcker im Katalog von 1890 – abgebildet gleich bei einer Arbeit von Gustav Eberlein – Ferdinand Lepckes Motiv der „Badenden“ als Salon- bzw. Ladenbronze an. Außer Gebrauchsgusserzeugnissen wurden auch Kleinbronzen von bekannten Bildhauern der Berliner Schule, unter ihnen Peter Breuer und Adolf Brütt, verkauft. Lepckes „Badende“ folgte rein formalästhetisch noch dem neubarocken Stilwollen von Reinhold Begas und wies zudem Elemente des Jugendstils auf. Mit Salonbronzen wie „Eva mit der Schlange“, die „Lauschende“ und die „Schreibende“ wandte sich Lepcke eindeutig vom vorherrschenden Formenkanon des Neubarocks ab und gleichzeitig dem seit 1890 etablierten Neuklassizismus zu. Derartige salonplastische Werke erfreuten sich im aufstrebenden Bürgertum wachsender Beliebtheit. 1891 wurde Ferdinand Lepcke in den Verein Berliner Künstler aufgenommen und übernahm bis zu seinem Tode unter anderem Kommissionstätigkeiten für die Großen Berliner Kunstausstellungen. Auf den Berliner Ausstellungen zeigte er nahezu jedes Jahr seine Neuheiten und beschickte darüber hinaus, wenn auch etwas unregelmäßiger, die Münchner Jahresausstellungen im Glaspalast.

Nebenbei war er Mitglied einer Kegelgemeinschaft, der zu Beginn noch Reinhold Begas, aber auch Gustav Eberlein, Reinhold Felderhoff, August Gaul, Louis Tuaillon, der Kunsthändler Paul Cassirer und Heinrich Zille angehörten. Laut seinem Bildhauerfreund Fritz Klimsch war die Kegelgruppe eine der fröhlichsten Vereinigungen, die man sich denken konnte. Die Kegelgruppe löste sich 1909, in Lepckes Todesjahr, auf.

Ab 1892 betrieb Lepcke ein eigenes Atelier in der Potsdamer-Straße 120, Berlin-Tiergarten/Schöneberg. Hier konnte er offenbar auch in Marmor arbeiten, denn ein Jahr später präsentierte er seine frei entstandene Idealplastik „Die Lauschende“ in Marmor und in Bronze auf der Weltausstellung von Chicago. Die Marmorfassung kann als Lepckes erstes international ausgestelltes Bildwerk in edlem Material angesehen werden.

Etwa zeitgleich hat sich der Bildner offenbar intensiv mit der Frage nach der Bedeutung der Bildhauerei auseinandergesetzt. So zeigte er auf der Großen Berliner Kunstausstellung 1893 sein überlebensgroßes Gipsmodell vom „Bildhauer". Für diese frei entstandene Arbeit wurde er mit dem Großen Staatspreis ausgezeichnet. Das frühe Hauptwerk mit portraithaften Zügen und idealisierend-antikem Habitus zeigt auf, in welchem Spannungsfeld sich Lepckes zeitgebundene Vorstellung der Bildhauerei in den 1890er Jahren befand. Konnten sich die Bildhauer der Zeit um 1890 als Plastiker von kunstgewerblichen Erzeugnissen und Kleinbronzen oder gar als Steinbildhauer ansehen? Beides sollte verschieden stark ausgeprägt der Fall sein. Der vier Jahre jüngere Bildner Fritz Klimsch beispielsweise, der mit Lepcke bereits seit dem Studium an der Berliner Akademie befreundet gewesen sein muss, arbeitete wesentlich häufiger in edlem Stein. Auf Anregung der Landeskunstkommission sollte der „Bildhauer" für die Nationalgalerie in Berlin erworben werden. Lepcke wählte hierfür das Material Sandstein aus. An der Fertigstellung soll der Berliner Steinmetz Schlichtmeyer entscheidend beteiligt gewesen sein, während Lepcke nur noch „letzte Feile" anlegte. Erst 1897 konnte das Werk dann endlich an die Nationalgalerie Berlin übergeben werden. Einen heute noch in Coburg erhaltenen Gipsabguss des Motives wollte Ferdinand Lepcke wohl später zu einer weiteren Ausführung, sehr wahrscheinlich in Marmor oder Bronze, nutzen.

Infolge der Zuerkennung des großen Staatspreises 1893 reiste der junge Bildhauer bewiesenermaßen nach Rom und begann hier wohl auch seine Arbeiten für ein Kriegerdenkmal in Apolda. 1895 in Apolda eingeweiht, wurde das Mahnmal etwas später in nur leicht abgewandelter Form nochmals in Gütersloh errichtet.

Von Beginn bis Mitte der 1890er Jahre fertigte Lepcke neben wenigen Denkmälern, vornehmlich Portraitbüsten und Ideal- bzw. Kleinplastiken an. Seine Denkmäler folgten hauptsächlich dem bis dahin tradierten neubarocken Staatsstil, die Büsten seiner Schule bei Schaper und die Kleinplastiken neuklassizistischem Stilwollen mit Jugendstil-Einflüssen. Im Wintersemester 1896/97 unterrichtete Lepcke das Fach Modellieren an der Fehr'schen Kunstakademie in Berlin. Im Angebot waren getrennte Kurse für Damen und Herren. Ab 1897 engagierte er sich in der „Freien Photographischen Vereinigung“ Berlin, welche den Bereich der Kunstfotografie förderte und Kontakte zu anderen fotografischen Vereinen in ganz Europa unterhielt: Bildungsreisen, Fachvorträge und Wettbewerbe charakterisierten das Vereinsleben.

Im Jahre 1897 gründeten elf Maler und Bildhauer, unter ihnen Fritz Klimsch, August Gaul und Ferdinand Lepcke die Berliner „Vereinigung 1897“. Die Künstlervereinigung sah es als kunstpolitische Aufgabe an, sich für ein stärkeres Mitspracherecht der Künstler bei der Ausrichtung der jährlichen Großen Berliner Kunstausstellungen auszusprechen und forderte darüber hinaus eine Versammlung zur Vereinigung aller Berliner Künstlervereine unter einem Dachverband. Ziel war es, die Vormachtrolle des Vereins Berliner Künstler zu schwächen. Die „Vereinigung 1897“ existierte nicht sehr lange. Weniger als ein Jahr nach ihrer Gründung bildeten sich in Berlin sezessionistische Strömungen mit ähnlichen Forderungen heraus. Klimsch und Gaul fühlten sich von der Berliner Sezession wesentlich stärker als Lepcke angezogen. Außerdem könnte Lepcke durch seine seit 1891 bestehende Mitgliedschaft im Verein Berliner Künstler und der damit einhergehenden Tätigkeiten für die Großen Berliner Kunstausstellungen mit einigen Absichten der „Vereinigung 1897“ in Interessenskonflikte geraten sein.

Ferdinand Lepcke wurde im Jahr 1898 als Mitglied des Vereins Berliner Künstler für die Aufnahmekommission zur Großen Berliner Kunstausstellung bestimmt. Unter der gemeinschaftlichen Leitung der Akademie der Künste und des Vereins Berliner Künstler bildete man alljährlich ein Komitee zur Ausrichtung der Schau. Die Akademie schickte unter anderem Peter Breuer und Fritz Schaper in die Aufnahmekommission sowie Max Baumbach und Gerhard Janensch in die Anordnungskommission. Der Verein Berliner Künstler entsandte neben Lepcke Anton von Werner und Johannes Götz für die Aufnahmekommission. In die Anordnungskommission kamen, um nur zwei zu nennen, in Doppelfunktion Johannes Götz sowie Richard Anders.

1898 sollte für Lepckes Karriere zum Schlüsseljahr werden, denn in diesem Jahr gewann der Bildhauer den ausgeschriebenen Wettbewerb um eine Brunnenanlage für das damalige Bromberg, heute Bydgoszcz in Polen. Die frei von Vorgaben entstandene Monumentalplastik der „Sintflut" ist eines der Hauptwerke des Künstlers und wurde 1904 errichtet. Die dramatische Darstellung, in der Menschen und Tiere vor dem anschwellenden Wasser auf Felsenformationen zu flüchten suchen, sollte in abgewandelten Dimensionen 1906 in Coburg und nach 1916 in Eisleben zur Aufstellung kommen. Die Mittelgruppe konnte zudem als Kleinplastik auf der Großen Berliner Kunstausstellung von 1903 erworben werden. Der berühmte Münchner „Künstlerfürst" Franz von Stuck und Ferdinand Lepcke müssen sich wohl gekannt haben, denn anlässlich des ersten Platzes im Wettbewerb um den Sintflut-Monumentalbrunnen für das heutige Bydgoszcz verewigte von Stuck Lepcke in einer karikierenden Abbildung als „Sieger".

Abb. 1 – Ansichtskarte, nicht gelaufen, Photograph nicht bekannt, Verlag der Neuen Photographischen Gesellschaft A.G. Steglitz-Berlin: Professor Ferdinand Lepcke, Böses Gewissen. Privatbesitz von Nicky Heise, Berlin

In Lepckes kleinplastischem Schaffen dieser Zeit spiegelt sich eine, wenn auch zurückhaltende, Suche nach moderneren Tendenzen wider. Mit Salonplastiken wie „Die Macht" (1896), „Böses Gewissen" (1898) und „Das Riesenspielzeug" (1903) stellte Ferdinand Lepcke innere Vorgänge, literarische sowie fantastische Stoffe dar. Seine zunächst von der öffentlichen Kunstkritik recht skeptisch betrachtete und reliefartig komponierte Figurengruppe „Böses Gewissen" verkörpert Lepckes ausdrucksstärkstes Experiment in Richtung Moderne. Formal-ästhetisch folgte er hierbei dem Stilwollen von Auguste Rodin und Constantin Meunier. Als Mitglied der Aufnahmekommission für die Große Berliner Kunstausstellung von 1898 war es für den Bildhauer womöglich leichter, das expressive Werk zur Schau anzumelden und dabei noch zu berücksichtigen, dass zeitgleich Franz von Stucks „Das böse Gewissen" bei den Gemälden zu sehen war. Vor diesem Hintergrund ist eine Künstlerbekanntschaft zwischen Ferdinand Lepcke und Franz von Stuck stark zu vermuten.

Neben der Ausführung von Denkmalsaufträgen, wie zum Beispiel der Marmorherme von Friedrich Rückert (1898), aufgestellt 1899 im Viktoriapark in Berlin-Kreuzberg, schuf Ferdinand Lepcke weiterhin exzellente Idealplastiken für die kleinplastische Verwertung auf dem florierenden Kunstmarkt. Die Kunstkritik der Zeit um 1900 bemängelte, dass nur wenige deutsche Bildhauer in der Lage waren, Kleinplastiken herzustellen, die in Schwung, Linie und Oberflächenbehandlung mit Erzeugnissen aus Frankreich, Belgien oder Italien mithalten konnten.

Lepcke stellte 1899 seine Kussgruppe „Überrascht" vor, die von der Presse als hervorzuhebendes Beispiel der Deutschen Kleinplastik gewürdigt wurde. Fünf Jahre später wurde die Arbeit auf der Weltausstellung von St. Louis mit einer Silbermedaille ausgezeichnet. Auf der Großen Berliner Kunstausstellung von 1904 zeigte Lepcke außerdem seine von der Nationalgalerie Berlin angekaufte Umarmungsszene „Wiedersehen". Dieses idealisierende Abbild eines individuellen und leidenschaftlichen Menschenpaares beim Kuss sollte eine der bekanntesten Salonplastiken des Bildhauers werden.

Seit 1901 erfuhr die Deutsche Kleinplastik durch die Herstellung im wiederentdeckten Wachsausschmelzverfahren einen spürbaren Aufschwung. Die anwachsende Konkurrenz unter den bekannten, aber auch kleineren Berliner Kunstgießereien förderte diese Entwicklung. Die Qualität der Güsse mit zurückhaltend gestalteten Oberflächen nahm zu, und die Kunstkäuferschaft war vielfach bereit, für gute Bronzen gerechtfertigte Preise zu zahlen. Surrogate wie etwa Stuck, Strass und Zinkguss waren nicht mehr so sehr gefragt, wie noch in den 1890er Jahren. Diese Strömung konnte Ferdinand Lepcke geschäftlich für sich nutzen. Wurden zu Beginn seiner Karriere kleinere Idealplastiken noch bei der Aktiengesellschaft Schäffer & Walcker als Ladenbronzen angefertigt, nahm später auch die Bronzegießerei Gladenbeck die bekanntesten Bildwerke Lepckes, wie beispielsweise den Sintflutbrunnen ins Programm auf.

Ab 1901 hatte Ferdinand Lepcke sein Atelier im Gartenhaus 2–6 der Richard-Wagner-Straße 9 in Berlin. Auf dem an der Spree gelegenen Areal arbeitete wohl auch der für sein umfassendes Portraitschaffen bekannte Johannes Boese. Auf der Großen Berliner Kunstausstellung von 1903 wurde Lepcke die kleine Goldmedaille zuerkannt. Ob er für die erwerbbare „Mittelgruppe des Sintflutbrunnens“, für eine Portraitbüste des Direktors der Unterrichtsanstalt des Kunstgewerbemuseums zu Berlin, Ernst Ewald, oder für sein fantasievolles „Riesenspielzeug“ ausgezeichnet wurde, konnte nicht ermittelt werden.

1904 wurde Lepcke als Mitglied des Vereins Berliner Künstler wiederholt für die Jury und Hängekommission der Großen Berliner Kunstausstellung gewählt. Ein Grund hierfür dürften seine bereits weithin anerkannten Kompetenzen als Bildhauer sein. Auf der Großen Berliner Kunstausstellung von 1905 stellte er seine „Tänzerin“ vor. Die „Tänzerin“ gibt ein Beispiel für den Jugendstil par excellence. Am 4. Juni 1905 wurde die außerordentlich expressive Kleinplastik in der amerikanischen Zeitung „Chicago Tribune“ als eines der bemerkenswertesten Bildwerke in der Berliner Schau angesehen und abgebildet.

Nur wenige Tage später, am 8. Juni, wurde dem 39-jährigen Bildhauer Lepcke vom zuständigen Minister für geistliche Unterrichts- und Medizinalangelegenheiten von Berlin ein Professoren-Patent verliehen.

Lepckes fast schon bacchantisch wirkende „Tänzerin“ konnte unter anderem in der Ausstellung „Ferdinand Lepcke (1866–1909) – Weiblicher Akt und Körperideal“, vom 16. Dezember 2012 bis zum

14. April 2013 in der steinernen Kemenate der Kunstsammlungen der Veste Coburg und vom 18. Mai bis zum 18. August 2013 im Kunstgussmuseum Lauchhammer, in vergleichender Aufstellung zu wesentlich gemäßigter komponierten Tänzerinnen von Franz von Stuck, Fritz Klimsch und Rudolf Marcuse betrachtet werden. Heute ist sie wieder als fester Bestandteil der ständigen Ausstellung in der Sektion Glas der Kunstsammlungen der Veste Coburg zu bestaunen.

Nach seiner Ernennung zum Professor empfand Ferdinand Lepcke offenbar die nötige Freiheit, um sich der Fertigung von lebensgroßen, freien Idealplastiken zuwenden zu können. So präsentierte er seine „Bogenspannerin“ auf der Großen Berliner Kunstausstellung von 1906. Vorbildhaft für Lepckes „Bogenspannerin“ könnte Ernst Moritz Geygers „Bogenschütze“ für den Schlosspark von Sanssouci gewesen sein. Die ganz der Rezeption von Adolf von Hildebrand folgende Freiplastik wurde von Lepcke sehr wahrscheinlich im Voraus als Figurine in Gips erprobt. Die Nationalgalerie von Berlin erwarb einen lebensgroßen Bronzeguss aus dem Nachlass des Künstlers. Das Motiv der „Bogenspannerin“ wurde später als lebensgroße Fassung und als Ladenbronze

Abb. 2 – Photograph nicht bekannt, Originalaufnahme um 1905/06: Professor Ferdinand Lepcke mit Bogenspannerin im Atelier. Foto: © Dietmar Leischner, Ottobrunn

in die Angebote der Bronzegießerei Gladenbeck sowie der Kunstgießerei Lauchhammer aufgenommen und fand als Außenplastik in mehreren Städten ihre Aufstellung. Im Jahr 2015 wurde die Figur in Lauchhammer sogar für einen italienischen Privatpark nachgegossen.

Zur Mehrfachaufstellung der „Bogenspannerin“ kam es in Berlin. Ein lebensgroßer Bronzeguss war bis nach dem Zweiten Weltkrieg in der Grundanlage vor dem S-Bahnhof Nikolassee (Hohenzollernplatz) aufgestellt. Diese Zehlendorfer Fassung gilt heute als verschollen. Der Bronzeguss in der Nationalgalerie diente der Kunstgießerei Lauchhammer im Jahr 1997 als Formvorlage für ein heute im Kunstgussmuseum Lauchhammer nur noch ruinös erhaltenes Gipsmodell. Nach diesem Gipsmodell soll der bronzene Nachguss von 1997 für den Hohenzollernplatz am S-Bahnhof Berlin-Nikolassee angefertigt worden sein. Im Gips befindet sich eine schadhafte Stelle an der rechten Wange der Dargestellten. Im Guss ist diese Einwölbung ebenfalls zu erkennen. Der Nachguss ist an der Plinthe mit „FERD. LEPCKE.“ bezeichnet und mit dem Gießerstempel „AKTIENGESELLSCHAFT GLADENBECK / BERLIN-FRIEDRICHSHAGEN.“ versehen. Den Auftrag für das in der Kunstgießerei Lauchhammer gefertigte Bildwerk erteilte das Bezirksamt Berlin Zehlendorf. Die Gesamtkosten der Wiederaufstellung betrugen seinerzeit 65.000 D-Mark.

Gegenüber der „Bogenspannerin“ auf dem Hohenzollernplatz wurde am 23. September 2008 ein ebenfalls aus Lauchhammer stammender Nachguss der „Phryne“ aufgestellt. Auf der Großen Berliner Kunstausstellung von 1908 ließ Lepcke die lebensgroße Idealplastik der „Phryne“ erstmals zeigen. Die antike Hetäre ähnelt auffallend stark dem Motiv der „Badenden“ von Ernst Seger.

1925 erwarb der Bezirk Zehlendorf einen lebensgroßen Bronzeguss der „Phryne“ für 3.000 Mark aus dem Nachlass des Künstlers. Die finanziellen Mittel waren unter der Leitung des Bürgermeisters durch private Spendensammlungen erbracht worden. Am 31. Dezember 1925 wurde das Bildwerk nahe dem Bahnhof Schlachtensee ohne besondere Feierlichkeit aufgestellt und der Öffentlichkeit übergeben. Wohl in den Wirren des Zweiten Weltkrieges eingeschmolzen, war die Plastik bis dahin von einer elliptischen Rasenfläche umgeben in die Parkanlage mit Badewiese eingewoben. Die Figur stand dicht am Abhang des Ufers in der Mitte zweier Laubengänge zwischen Bahnhof und See. Ganz auf ihre Fernwirkung ausgelegt, war die Figur vom Bahnhof, von der Seestraße, vom unteren Uferweg und sogar vom anderen Ufer aus auf ihrem steinernen Postament zu sehen. Ihre Inszenierung in Seenähe dürfte zu dem vom Volksmund gebrauchten Spitznamen der „Badenden" geführt haben. Im Jahr 2000 brachten das Bezirksamt Zehlendorf, die Gartendenkmalpflege und die Hinckeldey-Stiftung Berlin die nötigen finanziellen Mittel für eine Umgestaltung des Seeplatzes in Anlehnung an die Historie auf. Am 21. Juli 2000 konnte dann ein in Lauchhammer hergestellter, schwarz patinierter Nachguss der Öffentlichkeit übergeben werden. Nach diversen Beschmutzungen und Beschädigungen musste der Nachguss 2008 in Lauchhammer gereinigt werden. Im Sommer 2008 wurde seine Patina bis auf die glänzende Bronze abgenommen und durch neue Schutzschichten ersetzt. Die Vertreter der Hinckeldey-Stiftung, des Landesdenkmalamtes von Berlin und des Bezirksamtes von Steglitz-Zehlendorf erwogen, die Plastik an einem geschützteren Ort wieder aufzustellen. Der frisch überarbeitete Abguss wurde am 23. September 2008 auf dem Hohenzollernplatz gegenüber dem S-Bahnhof Nikolassee errichtet. Die Umstellung der „Phryne" in Sichtnähe zu der bereits in den 1990er Jahren an diesem Ort aufgestellten „Bogenspannerin" kann als besonders gelungenes Arrangement angesehen werden.

Ein historischer Guss des Motivs befindet sich außerdem auf dem Hof der Eigenherd-Europaschule von Kleinmachnow. Die Bronzeplastik unbekannten Gussdatums hat sich im Familienbesitz einer bisher nicht identifizierten Großnichte des Bildhauers erhalten. Der bei Gladenbeck hergestellte Abguss soll sich noch 1956, wohlbedacht an verdeckter Stelle, im Hausgarten der Großnichte befunden haben. Bereits 1945 bot diese dem Leiter des Zehlendorfer Kunstamtes ihre Figur als Ersatz für die verlustige Statue zum Kauf an. Das zuständige Gartenamt Zehlendorf wurde nicht informiert und verpasste somit die Offerte der Besitzerin. Am 12. Mai 1957 trat dann der Kleinmachnower Bürgermeister mit seiner Bitte, die Plastik an einem würdigen Ort zur Aufstellung bringen zu dürfen, an die Großnichte heran. Wenige Tage später erklärte sie ihr Einverständnis. Im Sommer 1958 warteten die Kleinmachnower noch auf die Errichtung der „Phryne" und hatten bis dahin keinen geeigneten Aufstellungsort finden können. Die Wahl fiel wenig später auf den Düppelteich, und so wurde zunächst ein Ziegelsteinsockel gemauert und die Plastik darauf montiert. Nachdem sich das Bildwerk wiederholt sinnlosem Vandalismus ausgesetzt sah, kam es aus konservatorischen Gründen zur Umsetzung der Figur in den Hof der Eigenherd-Europaschule. Auch hier wurde ihr ein Ziegelsteinpostament, allerdings mit Terrakottaplatten, zugedacht. Die Plastik ist zusätzlich von einer flachen, halbkreisförmigen Wand aus roten Ziegeln hinterfasst.

In der Vergangenheit kam es in Kleinmachnow wiederholt zu Diskussionen um einen geeigneteren Aufstellungsplatz dieser Fassung. Ein Vorschlag der verantwortlichen Kommunalpolitiker und von Mitgliedern des Heimatvereins Kleinmachnow sieht die „Phryne" auf dem Marktplatz von Kleinmachnow neu verortet. Der Berliner Diplom-Museologe Nicky Heise und der in Seßlach tätige Bildhauer Andreas Krämmer griffen diese Überlegung auf und schlu-

Abb. 3 – Photograph nicht bekannt, Originalaufnahme um 1908: Die Brüder Ferdinand und Oscar Lepcke bei einer Vorstudie (?) für das Stubenrauchdenkmal in Teltow. Kunstsammlungen der Veste Coburg. Foto: © Kunstsammlungen der Veste Coburg

gen ihrerseits vor, die Plastik aus konservatorischen Gründen vom Hof der Eigenherd-Europaschule an die Alte Nationalgalerie von Berlin zu übergeben. Im Gegenzug dazu könnte ein frischer Nachguss des Motivs zusammen mit einer noch zu schaffenden Darstellung des Bildhauers Ferdinand Lepcke auf dem Marktplatz neu in Szene gesetzt werden. Andreas Krämmer spielte bereits erste Ideen einer anderen Aufstellung im Kopf durch. Krämmer sieht gerade in einer aufeinander bezugnehmenden Aufstellung der „Phryne“ mit einer lebensgroßen Figur des Bildhauers bei der Arbeit einen ganz besonderen Reiz und eine Herausforderung für die Umgestaltung des Marktplatzes.

Abb. 4 – Das Stubenrauchdenkmal in Teltow, 2012. Marktplatz Teltow. Foto: © Kunstsammlungen der Veste Coburg

Ein weiteres, bekanntes Beispiel für Lepckes Schaffen liegt mit dem Stubenrauch-Brunnen auf dem Marktplatz in Teltow vor. An diesem Denkmal lässt sich die von Peter Bloch beobachtete Verwandtschaft von zeittypischer jugendstilistischer Erinnerungsstätte und Sepulkralarchitektur ablesen.

Am 12. Januar 1908 beschloss die Stadtverordnetenversammlung von Teltow, mit acht Stimmen gegen eine und drei der Enthaltung, Ernst von Stubenrauch für seine Verdienste zu ehren und sich damit für die Freigabe des Marktplatzes zur Errichtung des Stubenrauch-Brunnens einverstanden zu erklären. Die feierliche Enthüllung fand bereits am 25. Oktober 1908 statt. Ferdinand Lepcke entwarf die Brunnenanlage aus Muschelkalkstein als architektonisch-symmetrische Einheit. Ein hoher Mittelteil mit offenem Rundbogen, in dem die Originalbüste Stubenrauchs platziert war, bildete das Zentrum des Denkmals. Unter der Büste in erhabenen metallenen Lettern steht die auf den Stein gebrachte Blockschrift: „DEM SCHÖPFER DES TELTOWKANALS / LANDRAT VON STUBENRAUCH / 1908.“ Darunter befindet sich ein aus Muschelstein geschlagenes Tondo, in dem Fischfiguren arrangiert sind. Links und rechts, auf zwei niedrigen Muschelsteinwänden, waren zwei Bronzereliefs mit liegenden Frauenfiguren, die Spree und die Havel darstellend, eingelassen. Davor befanden sich zwei muschelförmige Brunnenschalen und ein Brunnenbecken. Eine der Muschelschalen wurde später unter das Tondo mit Fischen gesetzt.

Der Monumentalbrunnen wurde nach dem Zweiten Weltkrieg abgetragen und an der Potsdamer Straße/Ecke Elbestraße in reduzierter Form wiederaufgebaut. Die beiden Bronzereliefs der liegenden Frauenfiguren, welche die Spree und die Havel in Vereinigung durch den Teltowkanal symbolisierten, gingen dabei verloren. Am 3. Oktober 1998 wurde der Brunnen ohne Funktion wieder an seinem ursprünglichen Ort aufgebaut. Die Einweihung fand am 23. September 2001 statt. Erweiterung erfuhr das Denkmal durch einen etwas abgerückten funktionsfähigen Brunnen, flankiert von zwei Sitzelementen vom Stahnsdorfer Bildhauer Wilfried Statt. Auf Initiative des Teltower Heimatvereins konnte eine Bronzekopie der Stubenrauch darstellenden Büste hergestellt werden. Die Kopie ersetzt die Originalbronzebüste. Der Abguss ist zusätzlich mit dem Schriftzug „Guss Hahn 2007“ bezeichnet. Das Original befindet sich aus konservatorischen Gründen im Rathaus von Teltow.

Abb. 5 – Kopie der originalen Bronzebüste am Stubenrauchdenkmal in Teltow, 2012. Marktplatz Teltow. Foto: © Kunstsammlungen der Veste Coburg

Ferdinand Lepcke verband akademienahes Formwollen mit zeittypischen Strömungen wie dem Neuklassizismus und Jugendstil. Ihm wurde relativ früh der große Staatspreis zuerkannt. Er war mehrfach Abgesandter des Vereins Berliner Künstler für Jury- bzw. Kommissionstätigkeiten bei den Großen Berliner Kunstausstellungen und sympathisierte zum Teil mit der Sezessionsbewegung. Werke wie „Überrascht" und die „Tänzerin" wurden in den Vereinigten Staaten von Amerika ausgezeichnet oder von der Presse anerkennend erwähnt. Dazu wurde er 1905 zum Professor ernannt. All dies verdeutlicht Ferdinand Lepckes weithin anerkannte Position als erstklassiger Bildhauer. Durch sein sicheres Können und fantasievolle Motive war Lepcke flexibel genug, seinerzeit beliebte Sujets der Bildhauerei am Kunstmarkt zu bedienen und trotzdem frei zu arbeiten. Er schuf Denk- und Grabmäler, lebens- und überlebensgroße frei entstandene Außenplastiken sowie Genre- und Empfindungsplastik. Doch am wichtigsten waren Lepcke die von ihm selbst als seine „Idealistischen" bezeichneten Werke. Der Bronzeguss war sein bevorzugtes Medium. Nur wenige Motive führte er in Marmor aus.

Abb. 6 – Originalbronzebüste im Rathaus von Teltow, 2012. Foto: © Kunstsammlungen der Veste Coburg

Ganz ohne Zweifel hätte Ferdinand Lepcke noch einige Bildwerke fertigen können und wollen, wäre er nicht schon am 12. März 1909 im Alter von 42 Jahren an den Folgen einer Lungen- und Rippenfellentzündung – inmitten seiner Arbeiten – verstorben. Die vorerst letzte Ausstellung zum Gesamtwerk von Ferdinand Lepcke richtete die Nationalgalerie im Rahmen der Großen Berliner Kunstausstellung von 1909 aus. Hier wurde dem Verstorbenen ein eigener Schauraum gewidmet, und weitere Plastiken waren in der Gesamtaufstellung verteilt zu sehen. Vom 16. Dezember 2012 bis zum 14. April 2013 zeigten die Kunstsammlungen der Veste Coburg die Sonderausstellung „Ferdinand Lepcke (1866–1909) – Weiblicher Akt und Körperideal". Lepckes Bildwerke wurden hier im Verhältnis zu Arbeiten seiner Zeitgenossen präsentiert und sein Oeuvre wurde der Öffentlichkeit nach über einhundert Jahren ins Gedächtnis gerufen. Vom 18. Mai bis zum 18. August 2013 war die genannte Schau auf reduziertem Raum im Kunstgussmuseum Lauchhammer zu sehen. Im Jahr 2014 wurde eine Rekonstruktion des im Zweiten Weltkrieg zerstörten Sintflutbrunnens in Bydgoszcz enthüllt und zum Jahresende konnte eine Ausstellung mit dem Titel „Ferdinand Lepcke 1866–1909" im Museum der Stadt besucht werden. In dieser Museumspräsentation verzichteten die Kuratoren auf erklärende Raumtexte, sodass die Plastiken vollends auf ihre ästhetische Eigenwirkung hin betrachtet werden konnten.

Ferdinand Lepckes Kunstschaffen wurde in den vergangenen Jahren in Deutschland und Polen beforscht und ausgestellt. Wünschenswert wäre allerdings eine umfangreiche Berliner Ausstellung zur Bildhauerei um 1900, in die auch Arbeiten Lepckes einfließen könnten.

Abb. 7 – Photograph nicht bekannt, Originalaufnahme um 1908: Professor Ferdinand Lepcke mit seinen im Hintergrund erkennbaren Idealplastiken „Hero" und „Phryne". Kunstsammlungen der Veste Coburg. Foto: © Kunstsammlungen der Veste Coburg

Quellen und Literatur

Allgemeines Künstlerlexikon (AKL) – Die Bildenden Künstler aller Zeiten und Völker, Nicky Heise: Ferdinand Lepcke. De Gruyter, Berlin, München, Boston 2014/15, Bd. 84, S. 160.

Nicky Heise, Susanne Kähler und Klaus Weschenfelder: Ferdinand Lepcke (1866–1909) – Monografie und Werkverzeichnis. Anlässlich der Sonderausstellung „Ferdinand Lepcke (1866–1909) – Weiblicher Akt und Körperideal", vom 16. Dezember 2012 bis zum 14. April 2013 in der steinernen Kemenate der Kunstsammlungen der Veste Coburg und vom 18. Mai bis zum 18. August 2013 im Kunstgussmuseum Lauchhammer. Sonderdruck aus dem Jahrbuch der Coburger Landesstiftung 2012.

Einblick in die Ausstellung „Ferdinand Lepcke (1866–1909) – Weiblicher Akt und Körperideal", vom 16. Dezember 2012 bis zum 14. April 2013 in der steinernen Kemenate der Kunstsammlungen der Veste Coburg unter: http://backert.magix.net/public/Panorama/Lepcke/Lepcke_3.html.

Nicky Heise, Susanne Kähler, Inga Kopciewicz, Stefan Pastuszewski, Marek Romaniuk, Klaus Weschenfelder: Ferdinand Lepcke 1866–1909. Anlässlich der gleichnamigen Ausstellung im Museum Bydgoszcz, Dezember 2014 bis März 2015, Bydgoszcz 2014.

RAINER LANGE-CHRISTEN:

Materne – Leben für den Stahnsdorfer Hof

Heinz Materne

Die Stahnsdorfer kennen bis ins Heutige hinein selbstverständlich den **Stahnsdorfer Hof**. Verkehrsgünstig gelegen am Kreuzungsbereich Zehlendorfer Damm und Lindenstraße für all jene, die aus der Richtung Zehlendorf-Lichterfelde und Teltow kommen, betrieb hier Heinz Materne mit seiner Frau Elise einst seine Gastwirtschaft, die sich in der ersten Hälfte des 20. Jahrhunderts weit über die Region hinaus einen Namen gemacht hatte.

Auf nach „j. w. d."

Bislang in Schöneberg zu Hause, suchte das Ehepaar irgendwo „j. w. d." (janz weit draußen also, im Grünen) eine Stelle, um sich niederzulassen. Als Gastwirt – aber mit mehr als einer „kleenen Kneipe", und sie fanden diese Stelle an der Stahnsdorfer Gemarkungsgrenze, dort, wo Kleinmachnows Zehlendorfer Damm im rechten Winkel auf die Stahnsdorfer Haupttrasse mündet.

Das war ein kühner Entschluss. Keine 100 Meter schräg gegenüber gab es bereits das seit 25 Jahren gut eingeführte „Etablissement Herrmann Türck", anno 1900 von diesem an Stelle des ehemaligen Kleinmachnower Dorfkrugs erbaut und seit 1910 unter Türck's Namen von einem Franz Grothe bewirtschaftet. Und das war ein schönes Haus mit großem Saal, im neoromantischen Stil durch Bodo Ebhardt gebaut, jenem Architekten, der auch die Neue Hakeburg auf dem Seeberg am Machnower See entwarf.

Doch Mut und Risikobereitschaft brachte er mit, der Gastwirt Ernst Materne aus Schöneberg, als er 1925 mit seiner Frau und seinem dreizehnjährigen Sohn Heinz Gaststätte, Pension, Gartenhaus und Bierausschank mit Garten eröffnete.

Otto Kernbach spielte bei Materne auf

Bei Ernst Materne „konnten Familien Kaffee kochen“: Sie brachten „Gemahlenen“ und Selbstgebackenen mit und erhielten für ein paar Pfennige Geschirr und kochendes Wasser. Das Geschäft lief trotzdem. Und zwar nach dieser Philosophie: Vater wird trotzdem „‘ne Molle und ‘n Korn“ nehmen. Oder zwei – ein guter Wirt kommt schon zu Umsatz. Dieser war so gut, dass Ernst Materne 1935 sein Haus (wie Grothe gegenüber) durch einen großen Saal ergänzen konnte. Da kamen größere Veranstaltungen in das Haus und da spielte denn auch schon mal das Orchester Kernbach vom ebenso aufblühenden Berliner Rundfunk. Sohn Heinz, am 10. März 1912 in Schöneberg geboren und herangewachsen, war in einem Alter, in dem er bereits helfen konnte und also längst im Geschäft war.

Keine kriegsbedingte große Pause

Maternes nannten ihr Unternehmen „Hotel zur Post“, wurden und blieben für die Einheimischen jedoch MATERNE. Die Stahnsdorfer kamen und brachten gemeinsam mit den Sommerfrischlern Geld ins Haus. Eine Straßenbahn-Haltestelle der Linie „96“ vom Ringbahnhof Tempelhof zur Machnower Schleuse befand sich vor der Tür, zur Haltestelle des BVG-Kraftomnibusses, zum Bahnhof Zehlendorf, war es ebenfalls nicht weit. Und als Anfangs- oder Endpunkt für eine Wanderung über die Alte Potsdamer Landstraße nach Kohlhasenbrück, Südwestkirchhof, Wilmerdorfer Waldfriedhof oder einfach zum S-Bahnhof Stahnsdorf war MATERNE auch gut.

Der Ausbruch des 2. Weltkrieges zerstörte diese Idylle. Heinz Materne wurde einberufen, kam an die Ostfront, geriet in den Kessel von Stalingrad und von dort in Kriegsgefangenschaft. Der Krieg dauerte für ihn 10 Jahre. Erst Weihnachten 1949 kehrte er nach Stahnsdorf zurück.

Dort hatten Bomben das „Etablissement Hermann Türck" gegenüber in Trümmer gelegt und den zur Lindenstraße gelegenen Giebel des „Hotels zur Post" völlig eingedrückt. Dieser Schaden wurde noch im Krieg und bei laufendem Betrieb, so gut es ging, repariert. Denn der Große Saal hatte als Lazarett dienen müssen, und bereits wieder ein wenig arbeitsfähige Soldaten hatten entsprechend Hand angelegt.

Eine kriegsbedingte große Pause gab es bei MATERNE nicht. Heinz' Eltern führten den Betrieb weiter. Ab 1944 war das Kind, nach dem Tod von Vater Ernst, mit Mutter Elise allein. Unter ihrer alleinigen Regie überstand das Haus Kriegsende und Neubeginn mit Hilfe seiner Angestellten recht und schlecht. Bis am 7.10.1949 der „erste Arbeiter- und Bauernstaat auf deutschem Boden" auf Veranlassung der sowjetischen Siegermacht errichtet wurde. Hierher wird Heinz Materne zu Weihnachten 1949 aus der damaligen Sowjetunion entlassen. Er selbst aber ist weder Arbeiter noch Bauer, sondern gilt als „Kapitalist". Er hat folglich, zurück in der Heimat, mit seinem Neuanfang wenig Glück.

Das „Hotel zur Post" beteiligte sich an den Stahnsdorfer Umzügen zum Erntedankfest mit seinem Koch namens Göte.

Zuviel Boogie-Woogie

Bereits in seinem ersten Jahr wieder in Stahnsdorf, im Jahr 1950, häufen sich Differenzen mit den Repräsentanten der neuen Ordnung. Erfolgreiche Unternehmen betrachtete man mit Misstrauen. Kleinliche Schikanen waren die Folge. Zuviel Boogie-Woogie bei öffentlichen Tanzveranstaltungen brachten Sanktionen und Auflagen. Die Lage eskalierte sehr schnell. Bis zur „Aktion Rose“ am Silvesterabend des Jahres 1951: Wie gewohnt hatte man für den Abend eine große Feier vorgesehen, für 19 Uhr Freunde eingeladen, Tische vergeben, eingekauft so gut es ging und befand sich inmitten der Vorbereitungen. Da klopften gegen 17 Uhr Vertreter der Staatsmacht an die Tür. Mitarbeiter vom Rat des Kreises Potsdam wiesen ein Schreiben vor, das die Unterschrift von Hilde Benjamin, Justizministerin des neuen Staates, trug. Im Ergebnis musste die gesamte Familie Materne sofort und innerhalb von 24 Stunden das Haus verlassen. Heinz Materne wurde die Konzession entzogen, er erhielt Arbeitsverbot in der Gastronomie.

Der damals siebenjährigen Tochter wurde aufgetragen, die Silvesterfeier zumindest bei den näher Bekannten abzusagen. Die Familie fand Aufnahme bei engen Verwandten um die Ecke.

Nach diesem Gewaltakt macht Heinz Materne Startversuche als freier Fotograf. Aber er ist doch mit Leib und Seele Gastwirt! So beginnt er, um sein Eigentum zu kämpfen. Er kämpft mit Windmühlenflügeln. Man schickt ihn von Tür zu Tür. Der beginnt zu begreifen, dass die „Aktion Rose“ nicht ihn allein meint. Er wird den Behörden lästig. Als letztes Argument zeigt man ihm eine einfache S-Bahn-Fahrkarte für 20 Pfennig: „Fahrt doch ‘rüber, ihr Schweine gehört dorthin!“

Beschlagnahme und Umbau

Die Beschlagnahme durch den Rat des Kreises brachte für das Haus zunächst monatelangen Leerstand. Nach einem Umbau erhielt der VEB Personenkraftverkehr das Hausrecht. Dessen Pläne aber gingen nicht auf. Und so wurden schließlich Haus und Saal der staatlichen „Handelsorganisation“ übergeben, nicht ohne es vorher wiederum zu Gaststätte und Hotel umzubauen. Von nun an wurde es nahezu extensiv genutzt. Ohne Heinz Materne.

Er findet 1953/1954 zeitweilig im Wirt von „Onkel Emil“, einer gut laufenden Biergaststätte in Eiche bei Potsdam, einen wohlgesinnten oder sehr gerissenen Arbeitgeber. Doch bald verlässt Heinz Materne die Gegend, geht ins Sächsische, fasst dort Fuß. An der Zschopau-Talsperre findet er ein Gasthaus mit Pension, in dem er zunächst mitarbeitet, das er aber bald selbst führt.

Über Jahre wird dieses Haus von nun an ein Geheimtipp für den informierten Stahnsdorfer. Denn nicht jeder bekam einen billigen Urlaubsplatz von der Einheitsgewerkschaft irgendwo. Oder nicht jeder war bereit, um diese bewirtschafteten, auf zwei Wochen bemessenen Erholungsmöglichkeiten zu kämpfen bzw. jahrelang zu warten. Solchen Leuten bot Maternes Pension, zu klein, um wirtschaftlich für den Zentralen Feriendienst der Gewerkschaften eine Rolle zu spielen, eine Alternative. Materne füllt damit eine der unzähligen Nischen, die nötig waren, den täglichen Sieg der Partei der Arbeitsklasse für den Normalbürger gerade noch erträglich zu machen.

Nach Stahnsdorf zog Heinz Materne nicht mehr viel. Einzig die Hoffnung, eines Tages mit seinem persönlichen Schlüssel seinen eigenen „Gasthof zur Post“ selbst aufzuschließen und durch die Eingangstür zu betreten. Eine Utopie für Jahrzehnte. Und als sie sich politisch plötzlich und unerwartet in den Bereich des Möglichen wandelte, blieb ihm diese späte Genugtuung dennoch versagt.

Begehrliche Hilfs-„Angebote“ jeder Art

Mit altem Recht wurde ihm genommen, was ihm gehörte. Das neue Recht aber zeigte steinige und bisher unbekannte Wege, es wieder zu erlangen. Bereits 1990 bemüht sich die hier ansässige Familie für ihn um die gesetzesgestützte Rückübertragung aller Eigentumsrechte. Sie steht vor mannigfaltigen Hindernissen alter und neuer Gesetzesvertreter, vor begehrlichen „Hilfs“-Angeboten jeglicher Art. So wird der Weg durch die Instanzen wieder einmal lang und aufreibend. Erst am Vormittag des 1. März 1993 wird der

Familie zunächst fernmündlich ihre „Berechtigung zur Rückübertragung“ bekannt gemacht. Das ist eine offizielle Information und so teilt die Tochter diesen ersten Teilerfolg umgehend ihrem nunmehr in Falkenhain lebenden 80-jährigen Vater telefonisch mit: „Pack‘ ein paar Sachen zusammen – wir können in das Haus!“

Am 1. März 1993 gegen 17 Uhr stirbt Heinz Materne in Falkenhain, 10 Tage vor seinem 81. Geburtstag.

Der Instanzenweg bis zur endlich beurkundeten Rückübertragung an die Erbengemeinschaft füllte weitere fünf Jahre. Es mussten vier Prozesse geführt werden. Erst seit 1998 sind die Rechtsverhältnisse für die Familie endgültig geklärt.

Harald Kretzschmars Erkundungen:
Emma Maria Lange

Bei aller Komik allen Ernstes so tief menschlich

Da wurde sie nun am 11. März 95 Jahre. Ein biblisches Alter, sagt man. Die Tage darum herum bewegte sich unsere mit Abstand älteste Künstlerin inmitten der Ausstellung ihrer jüngsten Werke, und ließ sich bei Kaffee und Kuchen von all ihren zahlreichen Verehrern und Verehrerinnen feiern – letztere oft genug ehemalige Mitarbeiterinnen.

Ihr Dasein als Puppengestalterin ist nun nach so vielen Jahren schon Legende. Inzwischen ist sie längst in ihrem nächsten Leben angekommen. Das Abendrot der Altersjahrzenhnte vergoldet nun ihr etwas anderes plastisches Alterswerk. Emma Maria ist im wahren Dasein nach wie vor ganz fest verwurzelt. Lange genug hat sie Augen und Herz offen gehalten für die lebendige menschliche Gestalt. Die Puppe war für sie nie nur ein Kinderspiel. Den Menschen selbst, ob Kind, ob Mutter, nimmt sie künstlerisch wahr – und damit ernst.

Zeichnung: Kretschmar

Emma Maria Lange wurde 1921 in einem schwäbischen Dorf geboren, das bald von der Stadt Aalen eingemeindet war. Drei dominante Brüder betonten schon früh mit Ellbogenkraft, dass sie einmal erfolgreiche Unternehmer würden. Das kleine Mädchen ekelte sich beim Blutbad des Schweineschlachtens so, dass es vom Fleck weg Vegetarierin wurde. Ihr Weg war eben anders. In München entdeckte sie beim Abendkurs zeichnend die „Kunscht". Wenn sie Ton in die Finger kriegte, modellierte sie von früh bis spät. Ein Freund in Rehbrücke bei Potsdam riet ihr, sich zum Studium beim Bildhauer Fritz Koelle an der Kunsthochschule Berlin-Weißensee zu bewerben. Der Augsburger Modelleur von Arbeiterfiguren, in München gerade vor die Tür gesetzt, wirkte hier von 1950 bis zu seinem Tod 1953 als Professor. Emma Maria als seine letzte Schülerin verdankt ihm viel. Nichts Plastisches war ihr mehr fremd, als sie zurück nach Stuttgart kam – aber die Wirtschaftswunderstadt konnte ihr nichts geben.

Foto: Kretschmar

1955 hat der Berliner Raum sie wieder. Nun mit dem schwäbischen Journalisten Hermann Lange verheiratet, wohnt sie in Kleinmachnow Pilzwald 12. Im Dreilindener Gehölz kommt sie mit einem Spaziergänger ins Gespräch. Kurt Weiler heißt er, hat mit Puppentrick zu tun, und meint, genau das wäre etwas für sie. Das sehe er an ihrer Nasenspitze. In Berlin-Adlershof beim Fernsehfunk starte gerade das Kinderprogramm, da würden Puppen gebraucht. Das ist die Initialzündung: Über Nacht liefert Emma Maria zur Probe gleich dreißig Puppenköpfe bei einem Herrn Pfeffinger in Kleinmachnow ab. Der sieht sofort – sie agiert schnell, und sie trifft das Richtige. Er empfiehlt sie weiter.

So trifft sie den Sandmännchenvater Gerhard Behrendt. Er lässt sie Handpuppen für das Kinderfernsehen gestalten. Für die erste verlangt sie 250 Mark, und bekommt 750. Da ist ihr schwäbisches Herz geschmeichelt. Hier wird sie bleiben. Die Spezialaufgabe, ein fürwitziger Kobold, fordert sie heraus. Sie knobelt, probiert mit Filz, mit Leder und Stoff. Bleibt bei Leder, und besteht bis heute darauf – Pittiplatsch muss ein kugelrundes Lederköpfchen haben.

Mit der Stimme Heinz Schröders und den pädagogisch anfechtbaren Sprüchen aus der Feder Ingeborg Feustels wird der freche Kerl ein sagenhafter Volltreffer. Die Originalpuppe wird ständig nachgefragt. Nur sie selbst kann sie authentisch herstellen. Weniger industriell, als handwerklich, aber in Massen. Es folgen Herr Fuchs und Schnatterinchen. Im Lauf der Zeit kommen Marionetten und Handpuppen aller Art dazu. Viele Hausfrauen sind in Heimarbeit für sie tätig. So entsteht 1964 der einzige Privatbetrieb der DDR mit mehr als zwanzig Beschäftigten, der nie auch nur andeutungsweise verstaatlicht wird.

1__Stadtränder/Jubiläen

Wolfgang Holtz:
Der Steglitzer Stadtpark

Viele Steglitzer haben Kontakt zum Stadtpark in Steglitz, sei es als Benutzer der Spiel- und Rasenplätze, der Minigolfbahn, der Jugendverkehrsschule, die es seit 1957 hier gibt, sei es als Zuhörer bei Musikveranstaltungen oder als Radfahrer bzw. Fußgänger beim Durchqueren der Anlage; doch wenige kennen die Geschichte dieser Grünanlage.

Im Berliner Bereich hat nur noch Lichtenberg einen Stadtpark und war auch im Gegensatz zu Steglitz wirklich einmal selbständige Stadt. Steglitz wollte es nur werden und ist 1920 aus dem Kreis Teltow in Groß-Berlin aufgegangen.

Von einer Parkeinweihung ist nichts bekannt. Am 30. Juni 1912 gab es allein die Eröffnung des Stadtpark-Restaurants.

Restaurant im Stadtpark.

Der Landschaftsgarten wurde von 1906 bis 1914 von den Gartenbauarchitekten Fritz Zahn und Rudolf Korte geschaffen, die Gestaltung des Rosengartens kam 1917 durch Georg Kuphaldt hinzu.

Die ca. 14 ha große Anlage entstand aus alten Steglitzer Gutsgärten und Privatgrundstücken der Familien Veit, Jordan, Altmann und Schultze. Ursprünglich war es ein Teil eines sumpfigen Auenwaldes, Birkbusch genannt. Schon bald nach 1800 ist auf einer Karte von Steglitz und seinem Rittergut nördlich des Birkbusches eine Schäferei verzeichnet, an der Stelle, wo sich seit etwa 1880 die Wirtschaftsgebäude der Familie Schultze („Graupenschultze") befanden, die heute vom Grünflächenamt genutzt werden.

Nach dem Tod des Steglitzer Gutsbesitzers und Staatskanzlers Carl Friedrich von Beyme (1765-1838), hatte seine Tochter 1841 das Rittergut Steglitz an den Domänenfiskus verkauft, der es parzellierte und als Bauland veräußerte.

Ein Teil davon, das „Vorwerk Schäferei Birkbusch" ging 1870 mit 75 ha an den Lederfabrikanten Perkuhn, der das Land teilte und weiterverkaufte.

Neue Besitzer wurden der Bankier Altmann, der den nordöstlichen Teil zur Sedanstraße hin erwarb, der Geheime Legationsrat Jordan westlich davon, der seinen Anteil mit der Villa 1892 an den Kommerzienrat Eduard Veit verkaufte und der Kaufmann Louis Schultze. Dieser war ein Berliner Gewürzhändler in der Dresdener Straße, er ließ sich 1880 ein hübsches Herrenhaus bauen, das seine Witwe 1905 mit dem Grundstück an die Gemeinde Steglitz veräußerte. Dies war neben dem Kauf des Altmann-Besitzes die Grundlage zur Entstehung des Parks.

Im ersten Verwaltungsbericht der Landgemeinde Steglitz vom 1. Januar 1875 bis 31. Dezember 1909 heißt es auf Seite 174: „Mit dem Jahre 1906 begann Steglitz dem Beispiel der übrigen Vororte zu folgen und in der Vermehrung und Erweiterung der gärtnerischen Anlagen mit seiner baulichen Entwicklung Schritt zu halten. Der Ankauf des Geländes an der Sedan- und Beymestraße zu einem Park, die durch Aufschließung größerer Baugelände durch die Terraingesellschaften sich ergebenen Plätze ließen für die nächsten Jahre eine größere Anzahl von Entwürfen und Neuanlagen erwarten. Mit der Ausarbeitung derselben und der Oberleitung der Ausführung wurde der Königliche Garteninspektor Zahn beauftragt. Derselbe begann seine Tätigkeit am 1. Januar 1906. Schon im Laufe dieses Monats wurde die Ausführung von drei kleineren Anlagen beschlossen und im Frühjahr in Angriff genommen." Weiter wird auf Seite 176 ausgeführt: „Auf mehrere Jahre erstreckte sich die noch heute nicht völlig abgeschlossene Arbeit in dem Park auf dem Altmannschen Gelände, dem Stadtpark.

Planschwiese im Stadtpark.

Der Ankauf des Geländes war erfolgt, um hier eine zur Erholung der Bevölkerung bestimmte Anlage zu schaffen, um den Bewohnern der Miethäuser einen Ersatz zu geben für den fehlenden Garten, um der großen Kinderschar Gelegenheit für Aufenthalt und Spiel im Freien zu bieten. Ein Volkspark im wahrsten Sinne des Wortes sollte es werden im Gegensatz zu einer Parkanlage, die nur der Zierde dient, die nur das Gehen auf den Wegen, das Sitzen auf den Bänken erlaubt, die durch ihren reichen Blumenschmuck und sammetartigen Rasen der Salon der Stadt, ein Prunkstück, ist, nur zum Ansehen bestimmt, nicht zum Benutzen. Und gerade hier ist das Hauptgewicht gelegt. Spielplätze mit Sand für die Kleinen wurden an drei Stellen angelegt, ferner der Rasen zum Spiel und Lagern frei gegeben, und in den Gruppen wie unter den Birken zahlreiche Bänke aufgestellt. Der tadellose Rasen, die glatten Wegekanten haben allerdings unter der Benutzung gelitten, und manchem mag der Park verwildert und wenig gepflegt erscheinen, doch tritt das zurück gegenüber dem großen Wert, der in der freien Benutzung liegt. …

Der alte Bestand des Parks ist nach Möglichkeit geschont. Kein Baum ist gefallen, nur wenige Sträucher mussten dem Weg Platz machen. Die wilde Natur sogar ist erhalten geblieben und erfreut sich hier besonderer Wertschätzung der Freunde und Kenner. Eine Sumpfpartie, die man als letzten Rest ehemaliger Wiesenvegetation von Steglitz ansehen kann, liegt an der tiefsten Stelle, umgeben von Weiden und Birken."

Hauptallee im Stadtpark Steglitz um 1930.

Den Stadtpark teilt die Hauptallee, die ehemalige Brückenstraße, in eine nördliche und eine südliche Hälfte. Die ursprünglichen Rüstern sind auf dieser Mittelachse 1927 nach einer Pilzübertragung des Ulmensplintkäfers durch Weiden bzw. Silberahorn ersetzt worden. Das sumpfige Gelände war ursprünglich mit Erlen und Weiden bewachsen.

Die Hauptallee führt in seiner Mitte auf einen Springbrunnen zu, der 1957 durch den Steglitzer Bürgermeister Dr. Fritz-David von Hansemann in Betrieb gesetzt wurde. Unweit davon steht seit dem 18. Mai 1990 der neue Musikpavillon, in dem regelmäßig „Musik im Freien" stattfindet. Der Vorgängerbau von 1958 genügte nicht mehr den Ansprüchen. Bis zum 2. Weltkrieg befand sich hier in der heute noch existierenden Vertiefung eine 150 qm große Planschwiese, in der sich die Steglitzer Kinder im Sommer erfrischen und belustigen konnten.

Nur durch einen Parkweg getrennt hat der Gartenbauarchitekt Georg Kuphalt 1917 den Rosengarten gestaltet. Die Figur „Das erwachende Mädchen“ oder „Kniende“ ist ein Werk des Bildhauers Josef Limburg; sie wurde 1959 aufgestellt. Bis zum 2. Weltkrieg stand einige Meter dahinter vor dem Wasserbecken „Der Vogelsteller“ von Hermann Möller.

Eine Bacchusfigur von 1880 des Künstlers Richard Ohmann, 1956 aufgestellt, befindet sich ein wenig versteckt in der Nähe des kleinen Teiches.

Vom Rosengarten aus in Richtung Hermesweg sucht man vergeblich nach dem alten Stadtpark-Restaurant. Dieses Gebäude wurde um 1880 von der Familie Schultze erbaut, nach dem Verkauf dann 1912 als Restaurant eingeweiht, im Krieg zerstört und ein Stück südlich davon 1950 durch einen Neubau ersetzt.

Das ehemalige Etablissement bot mehr als 1000 Gästen Platz, allein in den Innenräumen konnten 300 Personen bewirtet werden. Im Gartenteil zum Wasser hin spielten sowohl am Donnerstag wie auch am Sonntag Militärkapellen auf, am Sonnabend gab es gelegentlich ein Feuerwerk.

1950 entstand in der äußersten südwestlichen Ecke zur Erinnerung an den Steglitzer Gartenbaudirektor die „Walter-Schmidt- Anlage“, die mit der Steinplastik „Begegnung“, 1959 von Hilde Leest geschaffen, für ältere Mitbürger gedacht war.

1939 wurde der Stadtpark um die Goebenwiese jenseits der Sedanstraße erweitert. Hier steht ein Findling mit der Inschrift:

„Wandervogel
– Ursprung der Jugendbewegung –
Steglitz um 1900“

und erinnert an die Gründung des Wandervogels 1901 im Steglitzer Ratskeller durch Karl Fischer.

Der Steglitzer Stadtpark hat auch nach mehr als 100 Jahren nichts von seiner Attraktivität eingebüßt, vor allem das Rondell um den Springbrunnen mit den vielen Bänken wird sehr gut angenommen, Familien schätzen es, dass die Wiesenflächen von Anfang an als Liegewiesen genutzt werden dürfen, Spaziergänger erfreuen sich an der Verbindung in Richtung Teltowkanal und Bäkepark.

Literaturhinweis:

Wolfgang Holtz und Christian Simon:
„Das Stadtparkviertel in Steglitz,
vom Birkbusch zum Stadtpark“
AVI Arzneimittel-Verlags GmbH Berlin, 2012.

MANFRED PIESKE:

In der Frühe am Kanal

Über Teltow ein weiter Himmel, blau und heiter, sich kuppelgleich wölbend. Nur da und dort ein Wölkchen. Die Sonne wärmt schon ein wenig, klar die Luft, frisch und leicht geht ein Wind, der Lust macht, dem Kanal einen Besuch abzustatten. Das Wasser fließt voll träger Unschuld. Dort, wir haben den 19. Juli 2013, flanieren Motorboote vorbei, lassen das Wasser strudeln, und die Sonne tanzt darüber hin, aufblitzend kleine Sonnen, die wie Spiegeleier aussehen, eine Augenblickssache, die nicht aufhört zu blitzen und zu blinken. Unterwegs sind, nebenan auf der Oderstraße, Radfahrer und Spaziergänger. Vom Rathaus her Leute, die gemächlich die Treppe herabsteigen, sich der Badstraße zuwenden, allen voran der Bürgermeister mit einem Pappkarton unterm Arm. Hinter ihm Frauen, die auch was tragen, ihm flinkfüßig folgen, Leute grüßen, die von links und von rechts kommen, sich dem Wasser nähern. Alles stadtbekannte Gesichter, auch Personen, die hier nicht unmittelbar hergehören, Stahnsdorfer und Kleinmachnower. Sogar der Bürgermeister von nebenan, Michael Grubert, hat sich eingestellt.

Auffällt ein Mann in der Mode des beginnenden 20. Jahrhundert, der, einen Zylinder trägt, damit ins Rund gemütlich hineingrüßt: Rudolf Mach, der Vorsitzende des Heimatvereins Kleinmachnow. Derweil ein paar Ständchen von Bläsern zu Ehren eines legendären Mannes. Ja, wer kennt ihn nicht, sein Name: Ernst von Stubenrauch, einst Landrat in diesem Landstrich, ein Visionär und Tatmensch, geachtet bis ins Heutige hinein.

Gefeiert wird auf den Terrassen am Zeppelinufer, wo verstreut schwere Quader zum Sitzen einladen. Erinnert wird an Stubenrauchs 160. Geburtstag. Sein Hauptwerk: der Teltowkanal, eine sich über 40 Kilometer hinziehende Wasserstraße, die hineingebaut ins Märkische zwischen 1900 und 1906, die Kleinigkeit von 60 Millionen Goldmark gekostet hat (ohne staatliche Zuschüsse, ein Bollwerk der Zeit damals). Anderes, ebenso bedeutend, folgt. Das alles mit sieben Beamten beginnend, aufstockend innerhalb von sieben Jahren auf 23 Beamte. Ein Raunen der Gästeschaft. Großartiger ging es wohl nicht.

Die Anwesenden erleben am Kanalufer ein kleines referenzhaltiges Kammerspiel: drei Männer, drei Betrachtungsweisen. Bürgermeister Schmidt spricht, wie stets voll leichter Lebensart, von dem Mann Stubenrauch, dem großen Macher, von einer kantigen Respektsperson mit Beziehungen nach „janz oben" (Kaiser Wilhelm II.). Hier ist keine schwergängige Rhetorik nötig, nichts Aufwändiges. An dem Vormittag lauter Freundlichkeiten. Gedenkend weht ein Hauch Pioniergeist. Aufbruchstimmmung. Verteilt werden Broschüren voll appetitanregender Farbigkeit. Hier soll es bald den Stadthafen Marina geben! Die Stadt Teltow künftig: am gleichnamigen Kanal gelegen ein Baustein Europas, das größte vernetzte Wassersportrevier. Das Titelbild zeigt moderne Anlagen, hochwertigen Service für Wasser- und Radsport, Sightseeing. Ein barrierefreier Hafen soll es sein, Gastronomie mit Terrasse, Biergarten, Hafenmeisterei. Bootsregale, Winterlagen, Slipanlagen. Passend dazu der Ausbau der Radwanderwege nach Berlin und Potsdam. Wie bestellt an dem Vormittag vorbei schippernde Boote. Eberhard Derlig, über die Jahrzehnte hin hier wirkend, sitzt neben mir und zählt erfreut mit, innerhalb einer halben Stunde über 15 Boote (die hier künftig anlegen könnten).

Teltows Heimatvereinsvorsitzener Peter Jaeckel gibt nach dem Bürgermeister den Rechercheur und Protokollanten. Teltow soll wieder wer sein, eine Stadt, von der man spricht. Teltow ist im Märkischen schließlich eine Größe, immer gewesen, ein Städtchen mit Tendenz zur Stadt, inzwischen mit S-Bahn-Anschluss. Mit einer berühmten Wasserstraße, mit modernen Schleusen. Die bunte Broschüre (jeder Gast des Vormittags erhält ein Exemplar) liefert eine Art Versprechen ab: Jawohl, Teltow ist im Kommen!

Dann schon der dritte Beschwörer im Bunde: Rudolf Mach, Kleinmachnows Heimatvereinsvorsitzender, von Gestalt wuchtig, voll bodenständiger, körperlicher Präsenz, agiert theatralisch. Bis ins Sprachliche hinein traut man ihm legendäre Stubenrauchsche Durchsetzungskraft zu, ein kraftvoller Darsteller, der sich behäbig in Szene zu setzen weiß, eine Leibhaftigkeit zelebriert, die wie ein Stück nacherlebbares Theater daherkommt. Der Mann an dem Vormittag: eine gute Besetzung. Jeder Satz eine Offenbarung. Besser kann ein Regisseur kaum besetzen.

Doch halt! Da tritt noch jemand ans Mikro, spricht beschwörend: Günter Duwe, der Ehrenvorsitzende des Teltower Heimatvereins, eine weitere imponable Person, die oft genug das Kommende beschwört. Sein Vorschlag diesmal, vorerst: ein Bienenkorb zum Spendensammeln. Er überreicht dem Bürgermeister den ersten Euro.

Danach darf angestoßen werden. Statt Sekt gibt es Wasser (allerdings nicht aus dem Teltowkanal, wie augenzwinkernd beteuert wird). „Muss ja nicht sein", sagt der alte Kriminalkommissar Walter Heidbrink, der dem Teltower Heimatverein seit den 1990er Jahren voll Hingabe dient. Beschwingt gehen die Teilnehmer von dannen, der eine und andere zurück zum Restaurant Böfflamott, während die Bläser das Geleit geben. Und dann ist man ja schon da, unterm Baumschatten des Marktplatzes, wo auf dem Denkmal-Sockel der alte Stubenrauch gebieterisch in die Ferne schaut. Es wird Platz genommen, auf Bedienung gewartet. Visionen machen durstig auf Bier.

Erst später, im Frühjahr 2016, die beklagenswert schamlose Frage in aller Öffentlichkeit: Wer soll das bezahlen? Ein altes Lied.

Dr. phil. Gebhard Falk:

Als Teltow noch ein Ackerbürgerstädtchen war

Erstmalig erschienen: 1990, Potsdamer Land, Heft 1, Jan. 1990

Am Ostermontag (6. April) des Jahres 1265 verkündete der askanische Markgraf Otto III. von Brandenburg, dass er seine Stadt Teltow zum Nutzen aller Einwohner mit einer solchen Freiheit geschmückt habe, die in der Volkssprache „Innung“ genannt wird, sowie mit anderen Rechten, wie sie die Städte Brandenburg, Berlin und Spandau bereits besaßen. Das bedeutete, dass sich in Teltow nicht nur Handwerker ansiedeln durften, sondern auch das Recht erhielten, sich unter Aufsicht des Rates gewerkeweise zur Wahrung ihrer Interessen zusammenzuschließen. Die „anderen Rechte“ bezogen sich vermutlich auf Zollfreiheit für die produzierten Waren.

Auf Bitten der Stadt und der Bürger wurde darüber eine Urkunde ausgestellt. Sie ist leider nur in einer Abschrift des 17. Jahrhunderts überliefert[1], während das Original einem der zahlreichen Rathausbrände zum Opfer fiel. Immerhin ist damit der Beweis geführt, dass die Stadt Teltow vor 750 Jahren in das Licht der Geschichte eintrat.

Damals befand sich der seit 1225 zusammen mit seinem Bruder Johann regierende Fürst auf der Höhe seiner Macht. Sie hatten im Kampf um die Herrschaft über die an der oberen Havel und unteren Spree bis zur Oder hin ansässigen slawischen Kleinstämme andere konkurrierende Fürsten verdrängt: 1227 die Dänen geschlagen, 1232 die Pommern aus dem Barnim und der südlichen Uckermark nach Norden zurückgewiesen und 1245 dem Vordringen der Markgrafen von Meißen ein Ende gesetzt. Mit der Erweiterung bestehender Siedlungen zu Städten wie um 1230 in Berlin und Cölln war der Landausbau im Inneren in eine neue Etappe eingetreten. Es liegt auf der Hand, dass Teltow 1265 bei der Privilegienerteilung schon einen gewissen Entwicklungsstand erreicht haben muss.

Wann aber ist die Siedlung entstanden? Von wem erhielt sie Stadtrecht? Vor dem Bau des Teltowkanals (1900-1906) lag Teltow an der Bäke (Beke), einem Fließ, das in Steglitz (Berlin) entsprang und in den Griebnitzsee mündete. Dieses Fließ trug ursprünglich den in vorslawische Zeit zurückreichenden Namen Telte. Die Landschaft an der Telte hieß der Teltow (laut Urkunde von 1230) und eine Erweiterung (Hegesee) der Teltowsee. „Ort an der Telte“ wurde die Siedlung benannt.[2]

Entlang des Teltefließes wurden zahlreiche spätslawische Siedlungsspuren nachgewiesen, bei Teltow bisher nicht. Flussläufe wie das Teltefließ hatten der frühen deutschen Ostexpansion den Weg gewiesen. Ortsnamen wie Ruhlsdorf und auf heutigen Berliner Gebiet Lichterfelde, Schmargendorf, Zehlendorf und eine Wüstung Pechüle haben Parallelen im Gebiet um Jüterbog, das 1157 dem Erzbischof von Magdeburg gehörte. Sie dürften von siedelnden Bauern von dort übertragen worden sein Dieser Vorstoß, dem möglicherweise auch Berlin seine Entstehung verdankte, endete um 1200. Aber noch bis 1228 gab es einen erzbischöflichen Ministerialen (ritterlichen Dienstmann) in Drewitz. In den ersten Jahrzehnten des 13. Jahrhunderts erfolgte eine zweite, nunmehr von den Askaniern geleitete Siedlungswelle in den nordwestlichen Teltow.[3]

Erst in diese Zeit dürften die Anfänge des Ortes Teltow fallen. Deutsche Händler und Handwerker, aber auch Bauern ließen sich an einem Platz nieder, der zwischen Potsdam und Köpenick, zwischen Spandau oder Berlin und Trebbin den Rastpunkt einer Tagesreisestrecke (20 km) bildete, aber auch nicht mehr. Auch wenn Johann und Otto ein förmliches Stadtrecht erteilt hätten, zu einem wirtschaftlichen Zentrum mit mehr als Jahrmarktfunktionen für die umliegenden Dörfer hat sich Teltow trotz des fördernden Privilegs nicht entwickelt. Es gab hier weder eine slawische noch eine frühdeutsche Burganlage, aber das Gelände bot besonders durch den nördlich vorgelagerten Staven- oder Schönower See einen gewissen Schutz. Der Grundriss zeigt eine planmäßige Stadtanlage von rechtwinkliger Form (400 mal 250 m). Sie wird von einer Längsachse in Westrichtung durchschnitten (Breite Straße). Von dem späteren Potsdamer und Berliner Tor zweigten die Fernstraßen ab.

Im nördlichen Teil befinden sich in der Mitte der Marktplatz mit dem Rathaus und die St. Andreaskirche, der man nach vielen Brandkatastrophen kaum noch die Entstehung im 13. Jahrhundert ansieht. Sie war ursprünglich von dem eingefriedeten Kirchhof umgeben. Der Charakter der Stadt war durch 31 Ackerhöfe bestimmt, die z. T. auch das Braurecht besaßen. Sie müssen allerdings kleiner gewesen sein als die eindrucksvollen, aus dem 19. Jahrhundert noch überlieferten Gehöfte (z. B. der Breiten Straße). Im Westteil und an den Rändern befanden sich die Häuser der Handwerker und Händler. Auch sie hatten zum Teil Gartenland und etwas Wiesenfläche zum zusätzlichen Lebensunterhalt. Noch heute dominiert mit Ausnahme der Marktplatzfront die eingeschossige Bauweise. [3a]

Die Stadt besaß keine Mauer, wohl aber eine doppelte Wallanlage (im Westen), die 1737 beseitigt und in Gartenland verwandelt wurde. Nach dem großen Stadtbrand von 1711, der die Stadt bis auf (vier) Häuser vernichtete, durften die Scheunen nur noch außerhalb der Stadt gebaut werden. Auch sonst wurde damals die Stadt vor allem um die Kirche und Rathaus herum aufgelockert und manches Handwerkerhaus in die Vorstadt verlegt. Die Bebauung der mittelalterlichen Stadt muss man sich wesentlich gedrängter vorstellen.

Die Feldmark bestand aus 68 Hufen.[4] Davon besaß der Pfarrer zwei abgabenfreie, der Lehnschulze vier. Auf einen Ackerbürger entfielen demnach 2 Hufen. Für jede hatte er neben einem Geldzins bis in das 19. Jahrhundert eine Erbpacht von 6 bis 9 Scheffel Roggen und ebensoviel Hafer zu entrichten. Die drei gemeinsam bewirtschafteten Felder waren das Zehnrutenfeld im Osten, das Mühlenfeld und das Machnower Feld im Südwesten.

Eigene Wälder besaß die Stadt nicht. Doch war den Bürgern von dem Markgrafen 1273 der Holzeinschlag in ihren Wäldern gestattet worden. 1317 wird das Einschlagsrecht auf alles Weichholz in der Nutheaue präzisiert. Vom Hartholz war nur das Abschlagen von Eschenzweigen in Armstärke zum Zaunbau gestattet. Über den Umfang des Einschlaggebietes von Drewitz aufwärts kam es mehrfach mit dem Grundherren von Beuthen zu gerichtlichen Auseinandersetzungen (1270, 1537, 1541). Der Bürgermeister und zwei Ratmänner (Konsuln) regelten die polizeilichen, zivilrechtlichen und damit oft auch ökonomischen Angelegenheiten der Bürger. Sie führten das Stadtsiegel mit der Umschrift: „S(igillum) civitatis Teltowe“. Der von Eichenzweigen umgebene Adlerschild der Markgrafen von Brandenburg erinnert an den Gründer und ersten Stadtherrn. Die Strafgerichtsbarkeit hatte er dem Erblehnschulzen überlassen, der stets adligen Familien angehörte. Dessen Hof mit dem Charakter eines kleinen Rittergutes lag bis zur Auflösung 1806 neben der Pfarre in der „Ritterstraße“.

Im Jahre 1299 musste Markgraf Hermann aus Geldmangel Teltow mit sieben umliegenden Dörfern, darunter Ruhlsdorf, Heinersdorf, Sputendorf, Wendisch- und Deutsch-Stahnsdorf an den Bischof von Brandenburg und das Domstift verpfänden. Eine Wiedereinlösung unterblieb. Seitdem führte der Teltower Lehnschulze auch den Titel eines bischöflichen Verwalters oder Vogtes. Der von den Askaniern mit der Verleihung des Innungsrechtes 1265 beabsichtigte gewerbliche Aufschwung war nicht eingetreten. Doch bis 1317 nannten diese ihrer Zielstellung gemäß Teltow in den Urkunden stets civitas „Stadt“, seine Bewohner cives oder Burgenses, also „Bürger“. Dagegen sprach der deutsche König Albrecht schon in seiner Bestätigung der bischöflichen Pfandübernahme 1299 nur von oppidum „Marktflecken“ oder „Städtlein“, ebenso die Mitglieder einer geistlichen Laienvereinigung, der Kalandsbrüder, in Teltow selbst. Auch die Bischöfe haben es dabei belassen müssen. Kriegsnöte und Brände, Seuchen und Wirtschaftskrisen, vor allem aber die Lage an unbedeutend gewordenen Verkehrswegen haben die Stadtentwicklung gehemmt.

Nach der Reformation zog der Kurfürst von Brandenburg zusammen mit dem beschlagnahmten bischöflichen Gut 1598 auch die Stadt Teltow wieder an sich und ließ sie von seinem Amtmann im ehemaligen Bischofsschloss Ziesar verwalten. Damit war Teltow in den Rang einer landesherrlichen Mediatstadt herabgesunken. Den Bürgern wurden Frondienste mit Fuhrwerk oder zu Fuß abverlangt, oft auf weite Entfernungen, nicht nur bis Potsdam, auch bis Ziesar. Im August 1733 klagte der Bürgermeister, man verlange die halbe Stadt zu Handdiensten beim Heumachen auf den königlichen Wiesen von Schöneiche bei Zossen, am kommenden Wochenanfang die andere Hälfte.[5]

Wie auf den Dörfern gab es Spannungen auch zwischen den einzelnen Schichten der feudal Ausgebeuteten selbst. Den Ton in einer Stadt bestimmten die Ackerbürger oder Hüfner. Die weigerten sich vor allem in Krisenzeiten wie zu Beginn des Siebenjährigen Krieges 1756, die Gärtner (Nebenerwerbsbauern, meist auch Handwerker) am Futter der Gemeinschaftsweide teilnehmen zu lassen. Als die Hüfner sich verabredeten, für jene keine Mühlen- oder Holzfuhre unter 5 Taler Fuhrlohn zu tun, beschlossen die Gärtner, keinem Hüfner oder deren Familienmitgliedern „ein Kleid oder Schuhe zu machen oder einen Hering oder Löffel Salz zu verhandeln."[6]

Die bürgerlichen Reformen unter Stein und Hardenberg zu Beginn des 19. Jahrhunderts beseitigten schrittweise die feudalen Bindungen und Lasten sowohl für die in der Agrarproduktion wie der im Gewerbe tätigen Bürger. Die Städteordnung von 1808 gab allen Hausbesitzern gleiche Rechte bei der Wahl der neuen Stadtverordnetenversammlung, die Handlungsfreiheit des Bürgermeisters gegenüber der Bevormundung durch staatliche Beamte wurde größer. Als Sitz des neu geschaffenen Landratsamtes für den Kreis Teltow wurde die gleichnamige Stadt bestimmt. Sie erhielt damit über die bisherigen Jahrmärkte hinaus einen regelmäßigen Käuferkreis aus einem bis Königs Wusterhausen und Zossen wesentlich erweiterten Umland. Die Aufhebung feudaler Persönlichkeitsbeschränkungen [Wechsel einer Anstellung oder Heirat nur mit Zustimmung des Grundherren] hatte wie überall einen raschen Bevölkerungsanstieg zur Folge: Die Einwohnerzahl stieg von 844 im Jahr 1801 auf 1569 im Jahre 1858. Da sich aber die Zahl der 117 Wohnhäuser nur um eins erhöhte, verdoppelte sich die Belegungsdichte von 7 auf 13 Bewohner. Auch danach blieb die Bautätigkeit am Ort gering (1871: 135 Wohnhäuser, aber 2.039 Einwohner).

Betrachten wir die Wirtschafts- und Sozialstruktur der Stadt in ihrer Entwicklung im gleichen Zeitraum, so fällt der unveränderte agrarische Anteil auf. Am Ende der Feudalperiode ging die gewerbliche Produktion kaum über den Bedarf der eigenen Einwohner hinaus. Eine Ausnahme bildeten die Produkte der 22 Leinweber mit 40 (Web-)Stühlen und der 17 Schuhmacher. Sechs Jahrzehnte später ist die Weberei eingegangen. Eine Wollweberei, wie sie für andere märkische Städte typisch ist, hat es nie gegeben [Der Grund war, dass keine Walkmühle in Reichweite von Teltow stand].

Auffallend ist der Anstieg des Handelssektors, aber auch des Baugewerbes. Die Aufträge scheinen aber eher aus Berlin und von den umliegenden Gutsbesitzern als aus der Stadt selbst gekommen zu sein. Drei Maurermeister mit 24 Gesellen und 4 Lehrlingen und ein Zimmermeister mit 15 Gesellen bildeten 1858 die größten Betriebe. Überhaupt hatte sich unter kapitalistischen Bedingungen die Zahl der in den Handwerksbetrieben mitarbeitenden Gesellen und gelernten Arbeitern wesentlich vermehrt. Zu den Grundberufen sind speziellere auch in Teltow ansässig geworden wie Kürschner, Putzmacherinnen, Buchbinder. Die Einkommen differenzierten sich. Einige lebten als Rentiers. Die Zahl der Ortsarmen ist erschreckend angestiegen. Die vorproletarischen Schichten sind noch überwiegend im Familienbetrieb des Ackerbürgers und des Handwerksmeisters beschäftigt. So ist auch die bürgerlich-demokratische Revolution von 1848 im Wesentlichen an der Stadt vorbeigegangen. Der ganze Kreis galt als überaus konservativ. Auch in den preußischen Annexionskriegen von 1864 bis 1870/71 gaben sich die Teltower Bürger sehr königstreu. 1862 hatten die Handwerksgesellen die Bildung einer Kranken- und Sterbeunterstützungskasse erreicht, aber von organisierten Anfängen der Arbeiterbewegung haben sich selbst in den 70er Jahren noch keine Spuren ermitteln lassen. [...] Für die bürgerliche Geschäftstätigkeit brachte die 1871 erfolgte Verlegung des Landratsamtes nach Berlin einen schweren Rückschlag. Die Anhalter Eisenbahnlinie führte an Teltow [noch] ohne Halt vorbei. Der Verwaltungsbericht des Magistrats von 1880 stellte ein Stagnieren der Einwohnerzahl fest. Der Wohlstand gehe zurück. Die Zahl der Einkommenssteuerzahler sei in 5 Jahren von 36 auf 14 gesunken. Nur mit modernen Verkehrsmitteln seien die Vororte Berlins, zu denen man sich jetzt rechnete, lebensfähig. [...]. Würde eine Straßenbahn die Verkehrsproblematik lösen helfen?

Quellen:

1 Abdruck der Urkunde bei Riedel, Band XI, S. 204.
2 Schlimpert, Gerhard, Die Ortsnamen des Teltow, Weimar 1972, S. 180-187.
3 Barthel, Rolf, Neue Gesichtspunkte zur Entstehung Berlins, S. 696.
3a Frank-Jürgen Seider. Häuserbuch der Stadt Teltow. Marburg a.d. Lahn, 2008.
4 Eine Hufe: in Teltow etwa 15 ha leichten Bodens.
5 Brandenburgisches Landeshauptarchiv Potsdam, Rep. 19, Steuerrat Potsdam, Nr. 3486.
6 Ebenda.

Das Leben im Schatten der Mauer in Teltow

Gesprächseröffnung durch Frank-J. Seider

Für Teltow war das Jahr 2015 ein ganz besonderes. Ausgehend von einer alten Urkunde, besiegelt durch Markgraf Otto III., feierte die Stadt ihr 750-jähriges Bestehen. Ihrem Wortlaut zufolge erlangte Teltow im Jahr 1265 die gleichen Rechte und Privilegien wie die Städte Brandenburg, Berlin und Spandau – die Geburtsstunde der Stadt und eine Jahrhunderte währende Geschichte waren eingeläutet.

Das Jubiläum wurde das ganze Jahr hindurch zünftig mit Umzügen, Ausstellungen, Veranstaltungen etc. festlich begangen. Was die Betrachtung der Historie von Teltow angeht, so wurde der Stadt ein einmaliges Projekt geboten. Unter dem Motto „Schüler schreiben Geschichte“ wurde eine nicht alltägliche Aufgabe in Angriff genommen, die pünktlich zum Jubiläum dem Bürgermeister und damit den Teltowern übergeben werden konnte.

Die Idee zu diesem Projekt ist Frau Cornelia Neumann (Stadt Teltow, FB Kultur) gleichwie Herrn Gregor Wilkening (Geschichtslehrer am Vicco-von-Bülow-Gymnasium in Stahnsdorf) zu verdanken; letzterem oblag die Umsetzung dieser sicher nicht leichten Aufgabenstellung. Mehr als 13 Schüler einer elften Klasse beteiligten sich im Rahmen eines Seminarkurses an dieser Arbeit, bei der am Ende eine über 140-seitige Broschüre (unter Mitarbeit der Kulturabteilung der Stadt Teltow) entstand. Den von den Schülern erarbeiteten Geschichten ist Fleiß, Ausdauer als auch Kreativität herauszulesen. Bei einigen Arbeiten lässt sich sogar das Talent zum Schreiben dieser Materie erkennen. Auf jeden Fall kann sich das Ergebnis dieses Projektes sehen lassen und empfiehlt sich für ähnliche Anlässe zur Nachahmung.

Als ein Nachklang zum Jubiläumsjahr der Stadt Teltow soll aus der oben erwähnten Broschüre „Eine Stadtgeschichte geschrieben von Schülern“ der Beitrag von Viktoria Jerzembek vorgestellt werden. Zum einen wird das beschriebene Projekt im Nachgang gewürdigt, zum anderen kommt an dieser Stelle – verdientermaßen – ein junger bzw. jugendlicher Autor zu Wort und auf die Bühne der Geschichtsschreibung.

– – –

Der Beitrag wird in gekürzter Fassung wiedergegeben. Die im Text angeführten Protokolle sind der ersten Veröffentlichung „Eine Stadtgeschichte geschrieben von Schülern“ (herausgegeben von der Stadt Teltow, 2015) zu entnehmen.

Viktoria Jerzembek:

Das Leben im Schatten der Mauer in Teltow

Vorwort

Mein Dank gilt Ines Bude, Hans-Georg Dahlmann, Richard Kühne und Barbara Masslow für die ausführlichen Interviews, die mir tiefe Einblicke in ihr Leben gewährt haben. Ebenso danke ich den Fotografen dafür, dass sie mir ihre Bilder aus der Zeit der Mauer in Teltow zur Verfügung gestellt haben.

1. Einleitung

Die Stadt Teltow wurde im Jahr 1265 erstmals namentlich erwähnt, seitdem sind diesem Ort viele Dinge widerfahren. Teltow wurde 1566 von der Pest sowie 1711 und 1801 von Bränden heimgesucht, bei denen Großteile der Stadt vernichtet wurden.[1]

Ein bedeutendes Datum für Teltow ist der 13. August 1961.[2] Mit dem Bau der Berliner Mauer wurde ein in den Köpfen immer noch präsentes Ereignis geschaffen mit den daraus folgenden Veränderungen für das damalige Leben der Bewohner Teltows. Noch heute stehen in Teltow Überreste der Mauer am Teltowkanal an der Oderstraße. Viele Menschen arbeiteten in Berlin und verloren durch den Mauerbau ihren Job, andere mussten mehrere Stunden Umwege in Kauf nehmen, um ihren Arbeitsplatz zu erreichen. Teltow hatte vor dem Bau eine direkte Verbindung zu Berlin durch Straßen, die sowohl mit dem Auto als auch mit öffentlichen Verkehrsmitteln befahrbar waren. Durch die Mauer jedoch wurden alle diese Verbindungen getrennt. Statt auf eine Großstadt blickten die Teltower seit dem 13. August 1961 auf eine unüberwindbare Grenze. Der Verkehr wurde von nun an um West-Berlin herumgeleitet und alle Wege in diesen Stadtteil hinein waren gesperrt. Tel-

1 vgl. Jeckel, Christian J.: Die Teltowgraphie des C. J. Jeckel, in: Huch, Gaby
2 Rauh, Robert: Kursbuch Geschichte – Neue Ausgabe; Cornelsen Verlag; 2012; S. 508-577, in: Laschewski-Müller, Karin

tow war ein Teil der Deutschen Demokratischen Republik (DDR) und somit abgetrennt vom westlichen Teil Deutschlands, der Bundesrepublik Deutschland. Am 9. November 1989 fiel die Mauer und Deutschland war wieder vereint.

Das Leben der Menschen in der DDR veränderte sich nach dem Mauerbau, manche sahen darin Vorteile, andere sprachen eher negativ von den Vorkommnissen. Dass es zu starken Veränderungen kam, ist schon dadurch erkennbar, dass Bürger umgesiedelt und Familien getrennt wurden. Manche Bewohner akzeptierten diese Veränderung und lebten hinter der Mauer unverändert weiter.[3] Doch es gab auch in Teltow Bürger, die diese Umstände nicht akzeptieren konnten oder wollten und deshalb zu fliehen versuchten. Aber die Flucht gelang nur den Wenigsten. Heute noch stehen Gedenkstelen an der Ost- und Westseite des Teltowkanals, um der Opfer zu gedenken.[4] Insgesamt gab es über 136 Opfer, die von 1961 bis 1989 an der Mauer starben.[5] Nicht nur diesen schlimmen Erfahrungen waren die Teltower ausgesetzt, sondern auch den Besonderheiten, die durch den Bau der Mauer in diesem Ort entstanden. Durch die direkte Grenznähe veränderte sich das Leben für die Bewohner in Teltow stärker als für Bürger, die in der Mitte der DDR lebten und so keine direkte Verbindung zum westlichen Teil Deutschlands hatten.

Doch war das alltägliche Leben der Teltower wirklich abweichend zu dem anderer DDR-Bewohner, nur weil sie die Mauer direkt vor Augen hatten? Nachdem im Artikel „Leben im Schatten der Mauer“ der Kleinmachnower Zeitung vom August 2011 auf Teile dieser Frage eingegangen wurde, möchte ich diese nun umfassender bearbeiten. Dabei wird im zweiten Kapitel auf die Entwicklung der Berliner Mauer in Bezug auf die politische Begründung für den Bau sowie die Phasen der Entstehung eingegangen. In diesem wird auch die besondere Rolle Teltows und die damit

3 siehe Protokoll 001 und 002
4 vgl. Todesopfer an der Berliner Mauer
5 vgl. Ehrendes Gedenken an die Mauertoten

verbundenen Veränderungen im Leben der Teltower betrachtet. Anschließend wird im dritten Kapitel, auf Basis von Berichten damaliger Bewohner, das veränderte Leben der Teltower beschrieben. Nur wenige Menschen wollten über diese Zeit reden, deshalb werden Aussagen von Bewohnern des Nachbarortes Kleinmachnow hinzugezogen, da das Leben dort einen sehr ähnlichen Verlauf nahm. Sahen alle Bürger Teltows die Vorkommnisse gleich? Und denken sie selber, dass ihr Leben anders war? Im letzten Kapitel werden ein Fazit gezogen und Antworten auf die gestellten Fragen gegeben.

Die alte Knesebeckbrücke, gesehen aus der Perspektive der Mauerspechte in Teltow.
Foto: Heimatverein Teltow, Bernd Meyer

2. Theoretische Grundlagen über die Berliner Mauer

In diesem Kapitel wird allgemein geklärt, wie es zu dem Bau der Mauer kam. Erst wird ein kurzer Rückblick in das Ende des 2. Weltkrieges und die darauf folgenden Veränderungen gegeben. Dann wird beschrieben, warum die politische Führung der DDR sich zu dem Bau der Mauer entschied.

2.1. Entwicklung der Berliner Mauer innerhalb Deutschlands

Nach dem Ende des 2. Weltkrieges im Jahr 1945 wurde Deutschland unter den vier Siegermächten USA, Großbritannien,

UdSSR und Frankreich aufgeteilt. Berlin, als ehemalige Hauptstadt, wurde zusätzlich in vier Sektoren gegliedert, wobei jede Siegermacht einen Teil selbst verwaltete.[6] Die vier Besatzungsmächte einigten sich anfangs darauf, die Versorgung der Bevölkerung in Deutschland zu sichern und die 4 D's durchzusetzen. Diese waren Demilitarisierung, Denazifizierung, Demokratisierung und Dezentralisierung.[7] Die Besatzungsmächte im späteren „Westdeutschland": Frankreich, Großbritannien und die USA, wollten „den raschen politischen und wirtschaftlichen Wiederaufbau Deutschlands"[8]. Die Sowjetunion als Verwalter des späteren „Ostdeutschland" waren für „ein vereinigtes und von westlichen Einflüssen befreites Deutschland"[9]. Während Westdeutschland sich mithilfe der Unterstützung seiner Besatzungsmächte wieder aufbaute, wurde in Ostdeutschland überwiegend Demontage betrieben und der Wiederaufbau des Landes eher vernachlässigt. Dadurch entstanden immer größere wirtschaftliche Disparitäten zwischen Ost- und Westdeutschland. Die Unzufriedenheit der DDR-Bevölkerung wurde durch den Volksaufstand am 17. Juni 1953 verdeutlicht, bei dem die Bürger gegen den sinkenden Lebensstandard und steigende Arbeitsnormen protestierten.[10] Infolgedessen und auch aus politischen Gründen verließen ab 1949 viele Ostdeutsche die DDR und gingen in die Bundesrepublik Deutschland. Von 1949 bis 1961 verließen ca. 2,6 Millionen Menschen die DDR, unter ihnen viele junge Arbeiter und Akademiker, weshalb sich die wirtschaftliche Lage in der DDR weiter verschlechterte.[11]

Nachdem immer mehr Ostdeutsche in den Westen gingen, wurde am 13. August 1961 eine Absperrung zwischen Ost- und West-Berlin errichtet. Dies „sollte den Flüchtlingsstrom eindämmen"[12]. In der Nacht vom 17. zum 18. August wurde die Stacheldrahtgrenze

6 vgl. Rauh, Robert: Kursbuch Geschichte
7 vgl. Rauh, Robert: Kursbuch Geschichte, S. 509
8 Rauh, Robert: Kursbuch Geschichte, S. 511
9 Rauh, Robert: Kursbuch Geschichte, S. 510
10 vgl. Rauh, Robert: Kursbuch Geschichte, S. 508-577
11 vgl. Rauh, Robert: Kursbuch Geschichte, S. 534
12 Rauh Robert: Kursbuch Geschichte, S. 510

durch eine Hohlblocksteinmauer ersetzt.[13] Damit wurde der erste Grundstein zur vollkommenen Abtrennung von West- und Ostdeutschland gelegt. Das DDR-Regime begründete diese Abtrennung ihren Bürgern gegenüber als Schutzmaßnahme. Die Mauer wurde von Walter Ulbricht als „antifaschistischer Schutzwall"[14] bezeichnet.

2.2. Entwicklung der Berliner Mauer am Beispiel der Stadt Teltow

Die Mauer verlief entlang der Grenzen zwischen dem heutigen Berlin und Brandenburg, wobei der russische Sektor Berlins zu der DDR gehörte und die Mauer somit diesen Teil mit einschloss. In Teltow verlief die Grenze im nördlichen Teil der Stadt entlang des Teltowkanals und im östlichen Teil bildeten die Stadtteile Sigridshorst und Seehof die Grenze nach West-Berlin.[15] Die grenznahen Ränder dieser beiden Teile Teltows wurden Grenzgebiet, da sie direkt an der Mauer lagen. Zu den Bewohnern dieser Gebiete durften nur noch Verwandte, die einen Passierschein für einen bestimmten Zeitraum hatten. Die Knesebeckbrücke wurde mit spanischen Reitern gesperrt und vor ihr standen die Mauer und Stacheldrahtzäune, so war sie unpassierbar von ostdeutscher Seite aus.[16]

Teltow war mit dem Nachbarort Kleinmachnow, in Bezug auf die Mauer, etwas Besonderes. Die beiden Orte hatten viele Bewohner, die in West-Berlin gearbeitet haben oder tagsüber in der Stadt einkaufen oder spazieren waren. Beide Orte waren mit West-Berlin sehr verbunden. Als die Mauer gebaut wurde, verloren viele Menschen ihre Arbeit oder mussten mit dem „Sputnik"[17], einer Zugverbindung, große Umwege um West-Berlin herum fahren, da ein Durchfahren nicht mehr gestattet war. Die Bewohner von Teltow und Kleinmachnow wurden in ihrem Alltag stark beeinflusst durch

13 vgl. Bau der Berliner Mauer
14 Rauh, Robert: Kursbuch Geschichte, S. 534
15 vgl. Rundflug entlang der Berliner Mauer 1/3
16 siehe Bildmaterial 1 und 2
17 siehe Protokoll 004

diesen Bau. Viele konnten ihre Freunde nicht mehr besuchen, da diese auf der anderen Seite der Mauer wie beispielsweise in Zehlendorf oder in Grenzgebieten, in denen das Betreten für andere Stadtbewohner verboten war, lebten.[18]

Manche Bewohner hatten plötzlich Polizeikontrollen in ihrem Haus und Garten und Grenzpatrouillen, die auf den Straßen auf Streife gingen.[19] Das Leben in Städten wie Teltow war anders als in Orten, die nicht direkt an der Mauer lagen. Denn „Hier hatten [...] alle die Mauer vor der Nase. Hier konnte keiner die Realität ignorieren. Hier kannten die Leute die andere Seite. Die Seite hinter der Mauer."[20] Und nicht nur, dass die Menschen in Teltow plötzlich eine Mauer vor Augen hatten, eine Absperrung, die ihnen das Weitergehen verbot, wo es früher noch möglich war. In Teltow „hörte man die Schüsse! Die Schreie! Man hörte die Glocken läuten, die auf der anderen Seite."[20] Und durch Erlebnisse wie diese waren die Bürger traurig, denn sie wussten, dass sie nicht auf die andere Seite durften.[19]

Die Knesebeckbrücke in Teltow war vor dem Bau der Mauer die Verbindung für die Teltower nach West-Berlin. Sie konnten jeden Tag über diese spazieren und so nach Berlin-[Zehlendorf] gelangen, doch ab dem Bau der Mauer wurden spanische Reiter als Barrieren aufgestellt und der Weg nach West-Berlin zugemauert. Nur noch der obere Teil der Brücke war von Teltow aus zu erkennen, denn die Mauer und Stacheldrahtzäune versperrten den Übergang und den Blick nach West-Berlin.[21] Manche Ortsteile, wie Teltow-Seehof und Teltow-Sigridshorst, durften nicht mehr betreten werden. Somit waren früher genutzte Wege für die Bürger der Stadt nicht mehr begehbar. Vor 1961 blickten die Bewohner von Teltow auf eine Großstadt, die sie jederzeit besuchen konnten, doch nach dem Bau sahen sie nichts mehr von Berlin, denn die Mauer ver-

18 vgl. Bildmaterial 4
19 siehe Protokoll 004
20 Kaehler, Ingeburg: Frei – In zwei Diktaturen
21 vgl. Bildmaterial 1 und 2

sperrte die Sicht. Menschen, die in Städten ohne direkte Grenze in den Westen wie bspw. Leipzig wohnten, hatten nie diese Einschränkung. Keinem Bewohner dieser entfernt liegenden Regionen wurde der alltägliche Weg zur Arbeit versperrt oder eine unpassierbare Mauer an die Stadtgrenze gesetzt. Sie waren zwar wie alle Bürger der DDR in ihrer Bewegungsfreiheit eingeschränkt und konnten nicht in den Westen, jedoch hatten sie keine tägliche Konfrontation mit den Problematiken einer angrenzenden Mauer. Die älteren Bewohner in Teltow, die noch vor der Gründung der DDR lebten, wurden jeden Tag daran erinnert, dass eine Mauer sie daran hinderte, den anderen Teil ihres alten Landes zu betreten, der nun vollkommen von ihnen abgetrennt war.

3. Realitätsbezug zur Berliner Mauer in Teltow

In diesem Kapitel wird durch verschiedene Zeitzeugen das Leben in Teltow zu der damaligen Zeit beschrieben. Dabei wird auf die Veränderungen eingegangen, die es in ihrem Leben gab und wie es für sie war, hinter der Mauer zu leben.

3.1. Bericht von Zeitzeugen zu der Veränderung des Alltags

Richard Kühne war 14 Jahre alt, als die Mauer gebaut wurde. Er lebte mit seiner Familie im späteren Grenzgebiet von Kleinmachnow. Bevor die Mauer errichtet wurde, war er oft in West-Berlin. Dort hat er die Schaufenster und viele anderen Sachen angeschaut, denn es war dort „ja viel schicker, die Autos waren schicker, dort gab es mehr Süßigkeiten [und] ganz andere Filme“[22]. Wenn er mit seinem Pionierausweis nach West-Berlin ging und diesen vorzeigte, bekam er „kostenlos Mickey-Mouse-Hefte“[22] und Ähnliches. Herr Kühnes Eltern haben auch zu besonderen Anlässen wie Geburtstagen oder Weihnachten etwas Bestimmtes in West-Berlin für ihre Kinder gekauft, das es in Ostdeutschland nicht gab. Doch „dann am 13. August“[22], wusste er „jetzt war es vorbei“[22], das Schaufens-

22 siehe Protokoll 004

ter-Gucken. Richard Kühne hatte direkten Kontakt zu der Mauer: Da er im Grenzgebiet wohnte, hatte der Bau mehr Veränderung in seinem Leben zur Folge als für andere Bewohner. Die Verwandten aus dem Westen durften sie nicht mehr besuchen kommen und er „hat sie ja tagtäglich gesehen“[23], die Mauer. „Man hat sich eingesperrt gefühlt“[23] und positiv war nur, dass sie „die Haustür offen lassen konnten, ohne dass jemand hineinkam“[23]. Direkt vor seinem Haus gab es Grenzpatrouillen, denn Richard Kühne wohnte von 1961 bis 1989 nur 50 Meter von der Mauer entfernt. Die Mauer hat ihn „tagtäglich gestört, in jeder Hinsicht“[23], doch war [sie] „irgendwann Normalität“[23] geworden. Sein Vater arbeitete in Berlin-Mitte und musste nun mit dem „Sputnik“ statt 20 Minuten 2 1/2 Stunden zur Arbeit fahren.

Auch der Vater von Barbara Masslow musste nach dem Bau den großen Umweg um Berlin in Kauf nehmen und fuhr ebenfalls mit dem „Sputnik“.[24] Barbara war beim Mauerbau ebenfalls 14 Jahre alt und lebte in Kleinmachnow. Für sie war der Mauerbau sehr „abstrakt, für [ihre] Eltern war das schlimmer“[24], sagt sie. „Ich konnte es ja noch gar nicht begreifen“[24], doch wirklich gestört hat sie die Mauer nicht. Frau Masslow hatte eine Freundin im Grenzgebiet, die sie nach dem Mauerbau nicht mehr besuchen konnte und dies störte sie. Doch die Mauer als solche „war so alltäglich geworden“ und „man hatte sich daran gewöhnt“[24]. Als sie später nach Teltow umzog, musste sie ein Hausbuch führen mit der Pflicht, jeden Besuch zu protokollieren. Frau Masslow beschreibt die Vorkommnisse weniger drastisch als Herr Kühne, betont aber auch, dass ihnen in der Schule „eingehämmert“ [wurde], „das muss sein, das ist richtig“[24].

---

23 siehe Protokoll 004
24 siehe Protokoll 003

Philipp-Müller-Straße (heute: Lichterfelder Allee)
in Richtung Ostpreußendamm/Lichterfelde
Foto: Heimatverein Teltow, Peter Jaeckel

Ähnliches berichtet auch Ines Bude. Sie wurde 1971 geboren und lebte bis zum Mauerfall in Teltow.[25] Für sie gab es keinerlei Veränderungen, da sie von klein auf mit der Mauer aufwuchs. „Als Kind hast du die Mauer gar nicht als negativ gesehen", „das war normal"[25]. Sie hat sich „gar keine Gedanken darüber gemacht", denn „man war mit vielen anderen Sachen beschäftigt". Frau Bude hat sich auch nicht gefangen gefühlt, wie Bewohner, die den Bau der Mauer erlebt hatten. „Erst bei dem Fall" ist ihr die Mauer „bewusst geworden"[25]. Sonst hatte sie sich nie mit der Grenze auseinandergesetzt, obwohl sie direkt an der Grenze wohnte. Nur in der Schule hatte sie sich mit diesem Thema beschäftigt. [25]

Hans Georg Dahlmann lebte ebenfalls vom 13.08.1961 bis 09.11.1989 in Teltow, er kam damals als 22-jähriger erst kurz vor dem Mauerbau wieder zurück in die DDR. Vorher hatte er ein Jahr lang im Westen gelebt, da jedoch seine Familie immer noch in Teltow lebte, zog er wieder zurück. Deshalb hat ihn die Mauer weniger beeinträchtigt als Andere, denn er „hatte hier alles". Er hatte einen „verhältnismäßig guten Lebensstandard"[26] und hatte sich mit

25 siehe Protokoll 001
26 siehe Protokoll 002

der Mauer „abgefunden“. Seine Schwester wohnte im Grenzgebiet und auch er sagt, dass man sich „irgendwie eingeschlossen gefühlt hat“.[27] Auch Herr Dahlmann hat die Mauer oft gesehen, denn er lebte 250 Meter von der Mauer entfernt. Eigentlich störte ihn die Mauer „überhaupt nicht“, denn er hatte sich „einfach damit abgefunden“, doch „mit der Zeit“ empfand er sie auch manchmal als störend. Herr Dahlmann berichtet auch, dass Bewohner aus zum Beispiel Magdeburg, begründen mussten, warum sie nach Teltow wollten, da dieser Ort so nah an der Grenze lag und eine größere Fluchtgefahr bestand.[27] Insgesamt sagen alle Befragten, dass es keine großen Veränderungen im Alltagsleben gab außer, dass nun eine Mauer direkt vor ihren Häusern war, die alle störte.

3.2. Erlebnisse mit der Mauer, die Teltow besonders machen

Um 2 Uhr morgens am 13. August 1961 kam Hans Georg Dahlmann aus West-Berlin zurück über die Grenze „als ob nichts gewesen wäre“[27], es standen noch keine Absperrungen.[27] Diese wurden erst wenig später errichtet. Die Grenzgebiete von Teltow und Kleinmachnow waren alle vergleichbar. In jedes Grenzgebiet durften keine Westdeutschen und nur ostdeutsche Verwandtschaft durfte die Bewohner besuchen. In den Grenzgebieten gab es große „Militärpräsenz [und] Grenzposten“, sowie „Gartenkontrollen [und] Kellerkontrollen“.[28]

Richard Kühne und seine Frau Gabriela berichten von Fluchtversuchen direkt bei ihnen an der Grenze. Gabriela Kühne sah, wie zwei Flüchtlinge von fünf oder sechs mit Maschinenpistolen bewaffneten Grenzsoldaten festgenommen wurden. Richard Kühne erzählt von einer Schießerei direkt vor seine Haustür, als er noch minderjährig war, er war sehr an dem Geschehen interessiert. Doch als sein Vater fast festgenommen wurde, war die Situation für den damaligen Teenager beängstigend. Auch Bewohner von Grenzgebieten in Teltow waren Begegnungen mit Soldaten und

27 siehe Protokoll 002
28 siehe Protokoll 004

Fluchtversuchen ausgesetzt. Herr Kühne berichtet auch noch von der Erfahrung, die S-Bahn zu hören, mit der er als Kind immer nach West-Berlin fuhr. Kleinmachnow hatte vor dem Mauerbau noch die S-Bahn-Station „Kleinmachnow-Düppel". Er hörte das typische Geräusch der Bremsen, „das war schmerzlich"[29], denn er wusste, dass er mit diesem Verkehrsmittel nicht fahren durfte oder konnte. Durch die direkte Grenznähe hörte Familie Kühne auch oft Kinder und Moderatoren, die auf dem Erntedankfest oder Pfingstkonzert waren, auf der Seite West-Berlins.[29] Auch Frau Dahlmann berichtet von schmerzlichen Erfahrungen, denn der Bruder einer ihrer Freundinnen aus dem Grenzgebiet wurde bei einem Fluchtversuch erschossen[30]. Auch in Teltow verloren drei Männer ihr Leben, nach einem Fluchtversuch direkt an der Mauergrenze in Teltow. 1961 starb Roland Hoff bei dem Versuch, durch den Teltowkanal zu schwimmen, um auf die westliche Seite zu gelangen. Dabei wurde er durch mehrere Schüsse tödlich am Kopf getroffen. Klaus Garten versuchte 1965 den Maschendrahtzaun zu beschädigen, um fliehen zu können, wurde dabei jedoch angeschossen. Er wurde mit schweren Verletzungen erst nach 2 Stunden in ein Krankenhaus eingeliefert und erlag dort seinen Verletzungen. Der dritte Tod an der Mauer in Teltow trat im Jahr 1981 ein, bei dem das Opfer Hans-Jürgen Starrost nach einer schweren Verletzung im Bauch nicht ausreichend behandelt wurde[31]. Nach mehreren Verhören und Fehlentscheidungen durch Ärzte erlag er einen Monat nach dem Fluchtversuch seinen Verletzungen.[31]

Neben diesen Einzelschicksalen gab es noch viele weitere Todesopfer, für die als Erinnerung auf dem heutigen Mauerweg in der Nähe der Orte, an denen die Fluchtversuche stattfanden, Gedenkstelen errichtet wurden. In der Umgebung von Teltow waren es sechs Menschen, die ums Leben kamen. Durch den Bau dieser Stelen wurden „unwiderrufliche Orte des Gedenkens geschaffen".[31]

29 siehe Protokoll 004
30 siehe Protokoll 003
31 vgl. Erinnerungsstelen am ehemaligen Mauerweg

3.3. Der Unterschied zwischen Jung und Alt

Die älteren Bewohner der mauernahen Gebiete, wie Richard Kühne und Hans Georg Dahlmann, fühlten sich „eingesperrt", denn sie hatten das Leben auf der anderen Seite schon erlebt und wussten, wie es dort war. Ihnen war „bewusst, dass es noch einen anderen Teil" Deutschlands gab, den sie jedoch nicht mehr betreten durften,[32] weil es ihnen ihr eigener Staat verbot. Die jüngeren Bewohner wie Ines Bude sind in das Leben mit der Mauer hineingewachsen. Sie kannten es nicht anders, für sie war die Mauer „wie ein Baum, der dort steht".

Deshalb hatten die jugendlichen Bewohner Teltows weniger Probleme mit der Mauer als die Älteren. Doch als die Mauer fiel, hatte die Mehrheit der Bürger die gleichen Gefühle. Sie waren glücklich und freuten sich, dass die Mauer nun Geschichte war und dass Besuche von und aus Westdeutschland wieder möglich waren. Barbara Masslow erzählt, sie und ihre Freundin haben „da gesessen und geheult wie Schlosshunde"[33], andere, wie Ines Bude, waren noch jünger und feierten Party mit den Westdeutschen zusammen. Bei manchen Bürgern von Teltow war noch eine gewisse Unsicherheit vorhanden, als sie sich in den Westen begaben. „Kommen wir denn wieder zurück?"[34] nach Hause, in die östliche Seite Deutschlands, fragten sich manche. Die Zeit hinter der Mauer war vorbei und durch die Zeitzeugen wird beschrieben, dass sich das Leben in Teltow direkt nach dem Fall nicht groß veränderte. Nur wenige gingen in den Westen und verließen die Stadt. In den ersten Tagen nach dem Mauerfall wurde in den Betrieben zwar weniger gearbeitet als sonst, jedoch kam der Großteil der Arbeiter wieder zurück von ihrem Besuch im Westen, und Normalität begann wieder einzukehren. Es wurden viele neue Häuser gebaut, vor allem in Kleinmachnow und Teltow[34]. Heute gibt es in dieser Region viele neue zugezogene Bewohner, doch laut der Aussagen der Zeitzeugen ver-

32 siehe Protokoll 002 bis 004
33 siehe Protokoll 004
34 siehe Protokoll 001

änderte sich nicht viel am Alltag der Einwohner Teltows. Das einzige, was sich veränderte, war der Weg nach West-Berlin. Denn den konnte nun jeder nehmen, der wollte. Die Familie in Zehlendorf konnte nun wieder besucht werden, wann man wollte und auch das Einkaufen am Kurfürstendamm war wieder möglich.[35]

4. Fazit

Alle diese Veränderungen im Schatten der Mauer erlebten Bewohner von Städten wie Magdeburg nicht. Sie hatten kein West-Berlin nebenan, das sie vor dem Mauerbau täglich besuchen und besichtigen konnten. Ihre Städte waren eine Einheit und auch die Vororte gehörten geschlossen dazu. Diese Orte gehörten alle zu der DDR und hatten keinen täglichen Kontakt zu Westdeutschland. Natürlich hatten auch Bewohner dieser Städte Verwandte und Freunde in Westdeutschland, doch hatten sie nicht das gleiche Erlebnis wie die Bürger von Teltow. Dort konnten die Bewohner zu Fuß den Westen erreichen. Sie konnten ihre Familienangehörigen besuchen, wann sie wollten, mit der S-Bahn dort hinfahren oder das Auto benutzen.

[...]

35 siehe Protokoll 001 und 004

Der Grenzübergang von Teltow (Seehof) nach Lichterfelde vor und nach Öffnung des Übergangs (Blick aus Berlin nach Teltow). Fotos: Heimatverein Teltow, Bernd Meyer

Keiner der Bewohner von Städten wie Leipzig oder Magdeburg hatte solche Veränderungen in seinem Alltag. In diesen Städten wurden keine Straßen versperrt oder Grenzgebiete festgelegt, die nur noch Wenige betreten durften. Diese Städte waren immer noch ein gemeinsames Ganzes. Teltow hingegen hatte zwei Grenzgebiete. Gebiete, die vorher jeder betreten konnte, waren nun verbotene Bereiche für alle anderen Bewohner, die nicht dort wohnten oder Verwandte von Bewohnern waren. [Menschen in] grenznahen und grenzfernen Städten waren in der DDR „eingesperrt", die Bürger konnten nur noch in befreundete Länder, aber nicht mehr in den Westen. Sie waren von ihren Familien getrennt und wurden von ihrem Staat überwacht. Der Aufstand im Juni 1953 zeigte deutlich die Unzufriedenheit mit der wirtschaftlichen und politischen Lage, die unter den ostdeutschen Bürgern herrschte.[36] Alle Bürger der DDR waren von diesen Tatsachen betroffen, doch nur Bewohner aus Städten wie Teltow, die direkt an der Grenze lagen, wurden tagtäglich an ihr Schicksal erinnert, dass sie nicht nach West-

36 vgl. Rauh, Robert: Kursbuch Geschichte, S. 532

deutschland oder in andere westliche Länder durften.[37] Teltow teilte sich diese Erfahrung und die damit verbundenen Veränderungen mit Gemeinden wie Falkensee oder Kleinmachnow. Alle hatten an ihren Stadtgrenzen nach West-Berlin eine Mauer, die sie vom Westen Deutschlands trennte.

Auf Grund all dieser dargelegten Tatsachen bin ich der Meinung, dass Teltow zu der Zeit der Mauer eine besondere Position einnahm. Sie war zwar genauso wie andere Städte, die ihre Grenzen zum Westen Deutschlands hatten, innerdeutsche und West-Berliner Grenze. Doch war sie etwas Besonderes im Vergleich zu Städten mitten in der DDR, die keine direkte Verbindung zu Westdeutschland hatten. In Teltow war die Mauer in greifbarer Nähe, man sah Grenzpatrouillen und hörte Schüsse bei Fluchtversuchen. An diesem Ort gab es auch Fluchtversuche, bei denen Menschen ums Leben kamen, nur weil sie in einem anderen Land leben wollten.

Die Bewohner in Teltow sehen heute noch Reste der Mauer direkt am Teltowkanal stehen und die Gedenkstelen am Mauerweg. Sie werden immer noch an die damalige Zeit erinnert. Wenn ich selber an den Mauerresten mit dem Fahrrad vorbeifahre, werde ich daran erinnert, was früher in Deutschland geschehen ist. Wie das Leben der Menschen verändert wurde, vor, während und nach der Mauer. Viele Bewohner von Teltow haben diese Zeit miterlebt und leben heute noch in der Stadt. Manche von ihnen sahen West-Berlin nach dem Mauerfall das erste Mal, andere sahen es nach langer Zeit wieder, heute kann jeder dort hin. Mit der S25 von Teltow-Stadt aus nach Lichterfelde, mit dem Auto, dem Fahrrad und sogar zu Fuß. Wenn man als Besucher nach Teltow kommt, ist die Mauer eines der ersten Dinge, an die man denkt, da diese Zeit bspw. durch die Stelen immer noch sehr präsent in der Stadt ist. Das alles zeigt mir, dass Teltow immer etwas Besonderes bleiben wird, wenn man von der DDR und dem Bau der Berliner Mauer spricht.

37 siehe Protokoll 004

Literatur- und Quellenverzeichnis

- Bau der Berliner Mauer -13. August 1961 (2014 veröffentlicht)
- URL: http://www.lpb-bw.de/bau_der_mauer.html, 05.10.2014
- Das Leben im Schatten der Mauer, Kleinmachnower Zeitung (August 2011 veröffentlicht); S. 12-14
- ;„Eingemauert!“ die innerdeutsche Grenze (am 30.06.2009 veröffentlicht), URl: http://www.youtube.com/watch?v=jlbAU Fv-h-04k#t=605, 06.10.2014
- Gaby Huch (Hrsg.): Die Teltowgraphie des Johann Christian Jeckel; Böhlau Verlag; 1993
- hrsg. im Auftrag von Laschewski-Müller, Karin; Rauh, Robert: Kursbuch Geschichte – Neue Ausgabe; Cornelsen Verlag; 2012; S. 508-577
- Kaehler, Ingeburg: Frei – In zwei Diktaturen; 2. Aufl. – rain-Stein-Verlag; 2008
- Kammrad, Horst: Die Brücke nach Teltow: Deutsche Geschichte 1961-1990; 1. Aufl. – Arani Verlag; 1992
- Rundflug entlang der Berliner Mauer 1/3 (am 16.04.2013 veröffentlicht), URL: http://www.youtube.com/watch?v=j8d16y DywE, 06.10.2014
- Stadt Teltow: Ehrendes Gedenken an die Mauertoten (am 14.08.2014 veröffentlicht)
  URL: http://www.teltow.de/nachricht/artikel/ehrendes-gedenken-an-die-mauertoten.html, abgerufen am 04.10.2014
- Stadt Teltow: Erinnerungsstelen am ehemaligen Mauerweg
  URL: http://www.teltow.de/tourismus/sehenswuerdigkeiten.html, 04.10.2014
- Todesopfer an der Berliner Mauer (2013 veröffentlicht)
  URL: http://www.chronik-der-mauer.de/index.php/de/Start/Index/id/593792, abgerufen am 05.10.2014

Zeitzeugen:

- Bude, Ines (Protokoll 1),
  geboren 1971, aufgewachsen in Teltow
- Dahlmann, Hans Georg (Protokoll 2),
  geboren 1939, aufgewachsen in Teltow
- Kühne, Richard (Protokoll 4),
  geboren, 1947, aufgewachsen in Kleinmachnow
- Masslow, Barbara (Protokoll 3),
  1947, aufgewachsen in Kleinmachnow, später Teltow

Autoren

Böhm, Jürgen
Dahms, Wolfgang
Drabek, Dr. Josef
Duwe, Günter
Ernst, Peter
Falk, Dr. phil. Gebhard
Fircks, Freiherr Karl v. ✝
Heise, Nicky
Holtz, Wolfgang
Jerzembek, Viktoria
Knuth, Gertrud
Kretzschmar, Harald
Lange-Christen, Rainer ✝
Muhs, Ulrich ✝
Reichner, Wilhelm ✝
Petzholtz, Gerhard
Pieske, Manfred
Schenk, Holger
Seider, Frank-Jürgen
Zenkert, Guido ✝
Zureck, Hansjörg ✝

Biomalz
– seit über 100 Jahren ein starker Partner –

Seit 1911 gibt es die „Biomalz-Fabrik Gebr. Patermann, Teltow bei Berlin“. Als Stärkungsmittel aus Gerste wurde Biomalz zum Markenzeichen. Erbaut als Kathedrale der Industrialisierung ist die Biomalz-Fabrik heute das bedeutendste Industriedenkmal der Region. Es beherbergt heute viele Unternehmen. Neben Teltomalz laden auf dem Gelände das griechische Restaurant Athos und die Trattoria Toscana zu mediterranen Speisen ein. Die Bildung hat mit der Kreismusikschule Potsdam-Mittelmark eine Heimat gefunden. Die Union sozialer Einrichtungen (USE) weiß das weitläufige Gelände und die modern eingerichteten Räume für Gärtnerei, Schreinerei, Druckerei und Schneiderei zu nutzen.

Frische und Zuverlässigkeit hat einen Namen.

1905 gründete Julius Bienge, Großvater des heutigen Firmeninhabers Michael Bienge, in Lichterfelde einen Milchladen. Fünf Jahre später, 1910 baute er den Betrieb zum Großhandel mit Milchgeschäft und anderen Grundnahrungsmitteln in Dahlem aus. Die Milch bezog er aus dem Umland. In den 30er Jahren waren die „weißen Wagen“ ein Highlight. Wagen von Pferden gezogen, an denen per Zapfhahn die Milch auf Verbraucherwunsch abgefüllt wurde.

Michael Bienge verbrachte Kindheit und Jugend auf dem elterlichen Hof. Stolz trug er die weiße Schürze und half überall mit. Folgerichtig stieg er nach einer Ausbildung in das Geschäft mit ein. In den 60er und 70ern erweiterte er das Ladengeschäft zum Lebensmittelmarkt. Zusätzlich entstand der Lieferservice mit dem Vollsortiment für Großverbraucher. Seit dieser Zeit beliefert die heutige N.V.G. Nahrungsmittel-Vertriebs- und Service GmbH & Co. KG Kinderheime, Tagesstätten, Restaurants, Kantinen und viele andere mehr. Der Firmensitz ist heute auf dem Gelände der Teltower Biomalzfabrik in der Iserstraße. Als freier, unabhängiger Lebensmittelgroßhändler ist das Sortiment nach den Wünschen und Vorstellungen der Kunden gestaltet: Molkereiprodukte, Fleisch- und Wurstwaren, frisches Obst und Gemüse, Teigwaren, Konfitüren und Honig, Getränke oder Equipment für Küchen. Täglich sind die Einkäufer auf den Berliner und Brandenburger Großmärkten unterwegs um frische Ware zu marktgerechten Preisen anbieten zu können.

Für bestimmte Obst- und Gemüsesorten führt Michael Bienge die Verhandlungen noch vor der Ernte, um den Kunden gleichbleibende Qualität zu festen Preisen zu garantieren. Mit den Frischedienstfahrzeugen wird schnell, kurzfristig und direkt zum Kunden geliefert. Die N.V.G. ist der Partner, mit über 100 Jahren Erfahrung im Lebensmittelhandel. Michael Bienge und sein Team stehen mit Kompetenz gerne und jederzeit als Begleiter und Berater zur Seite.

Ihr Großverbraucher-Frischedienst mit Lebensmitteln aller Art

NVG

Nahrungsmittel-Vertriebs und Service GmbH & Co. KG – Michael Bienge

Iserstraße 8-10 • 14513 Teltow

Telefon 030 8325032 • Fax 030 8315907 • Mobil 0171 9531083

www.nvg-berlin.de • nvg-berlin@t-online.de

| Mit freundlicher Unterstützung |